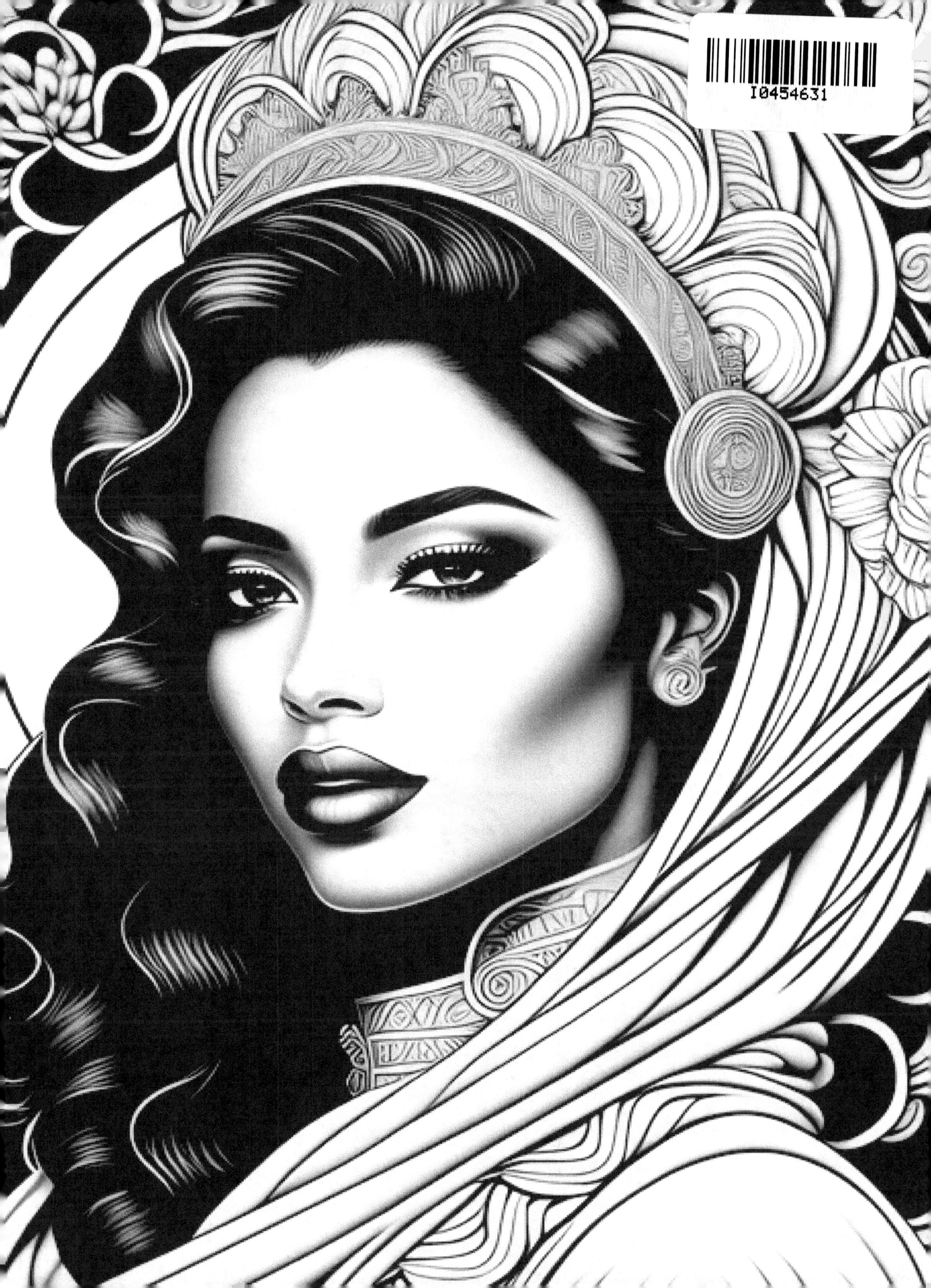

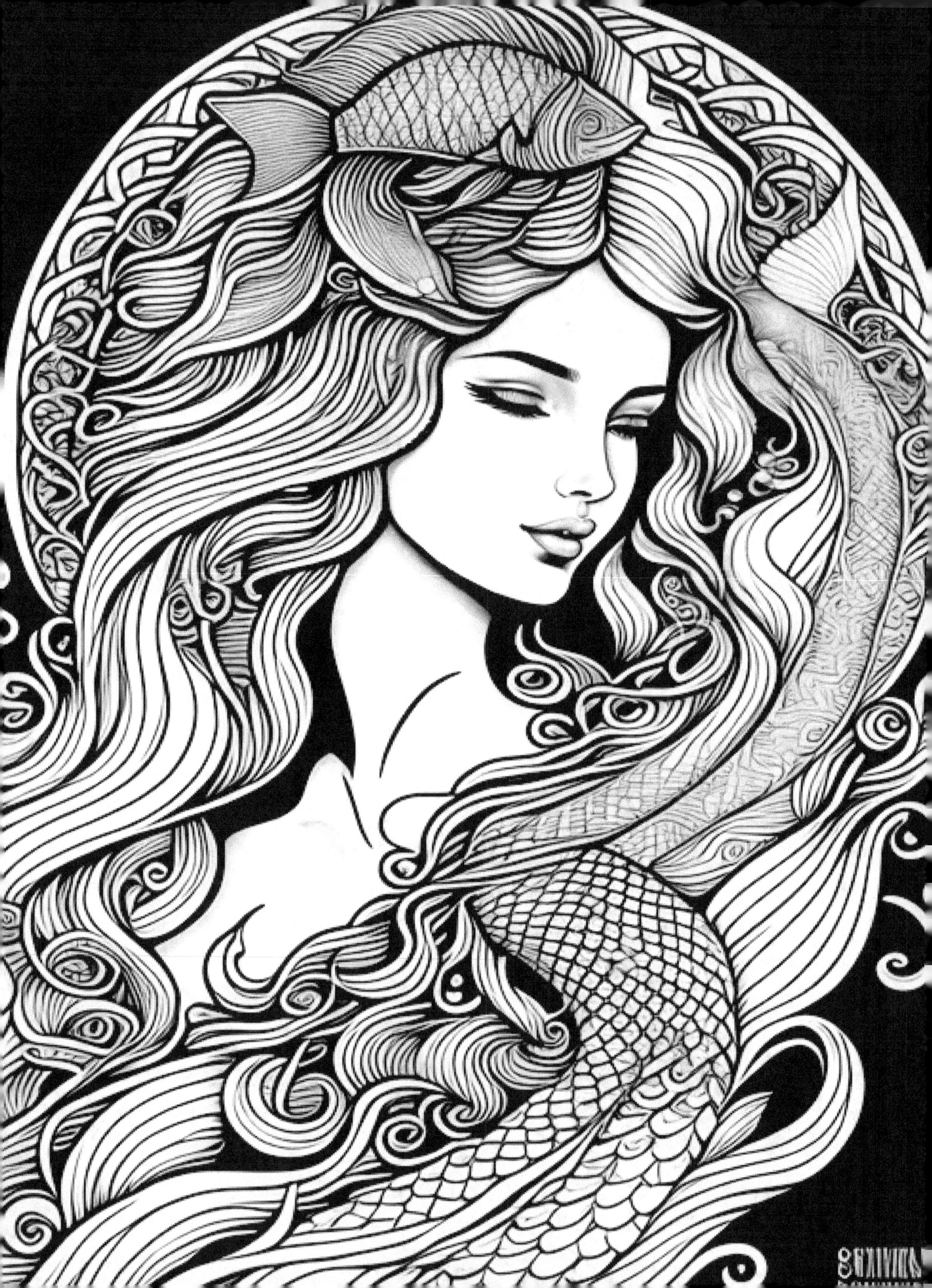

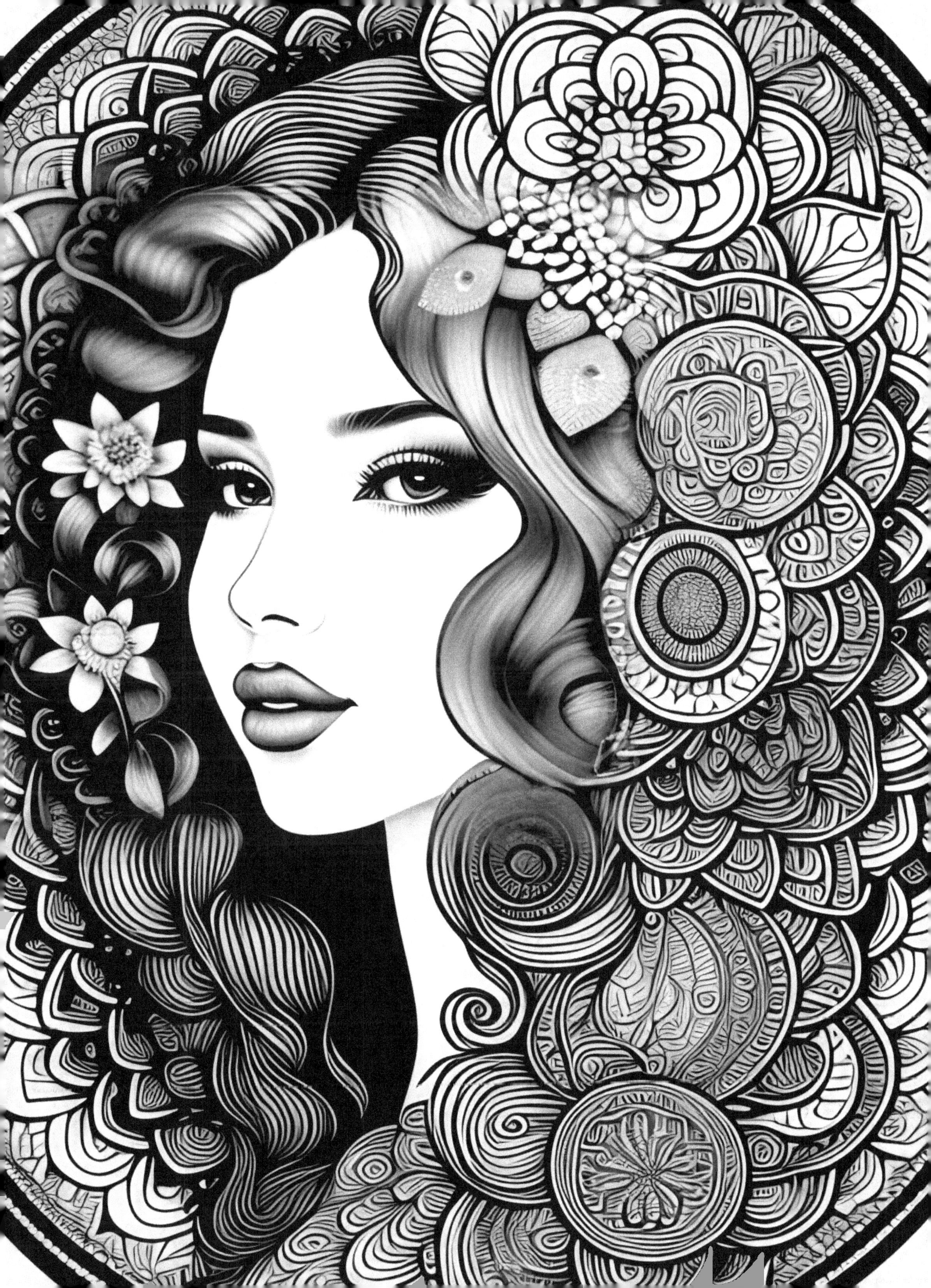

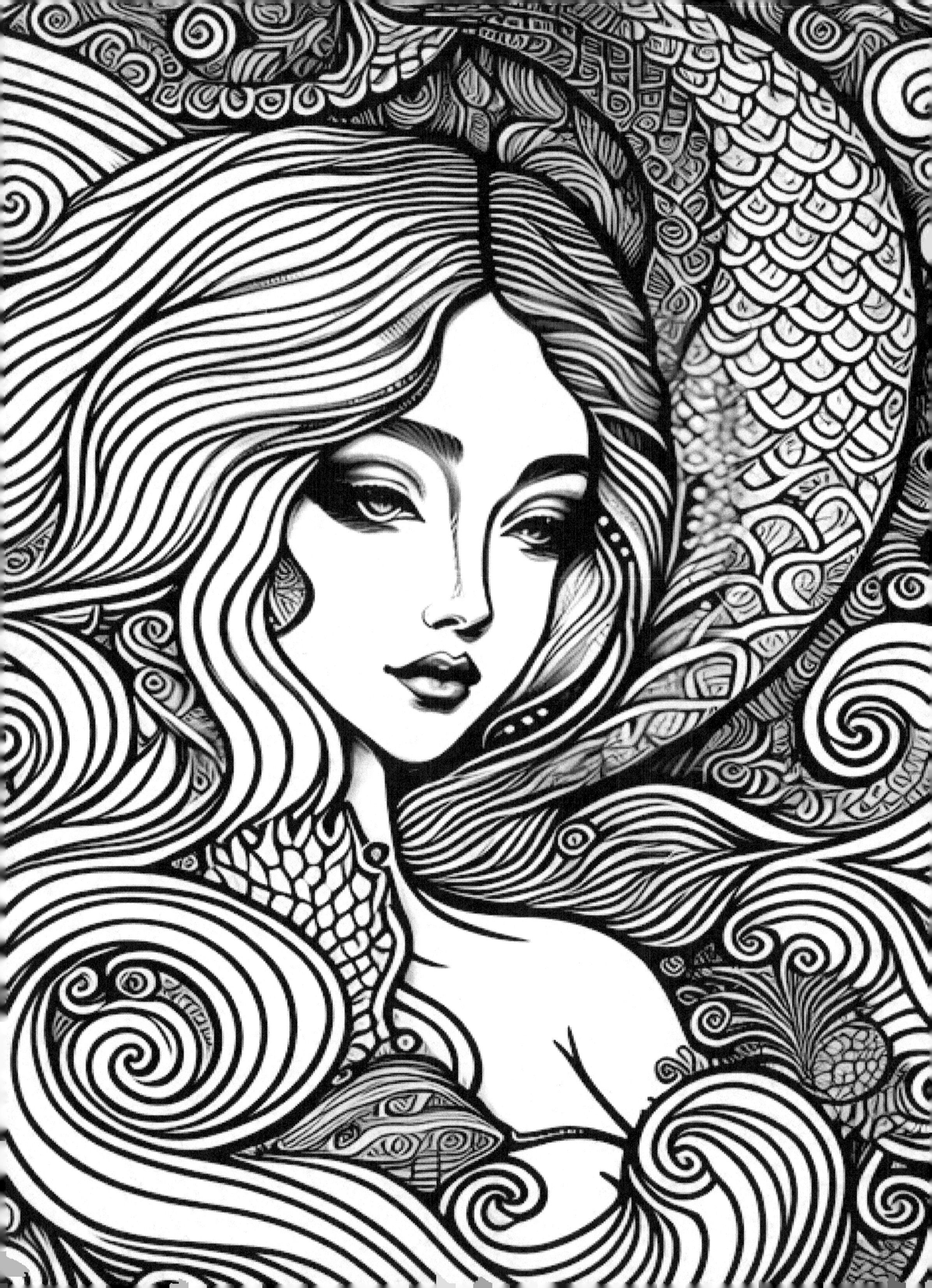

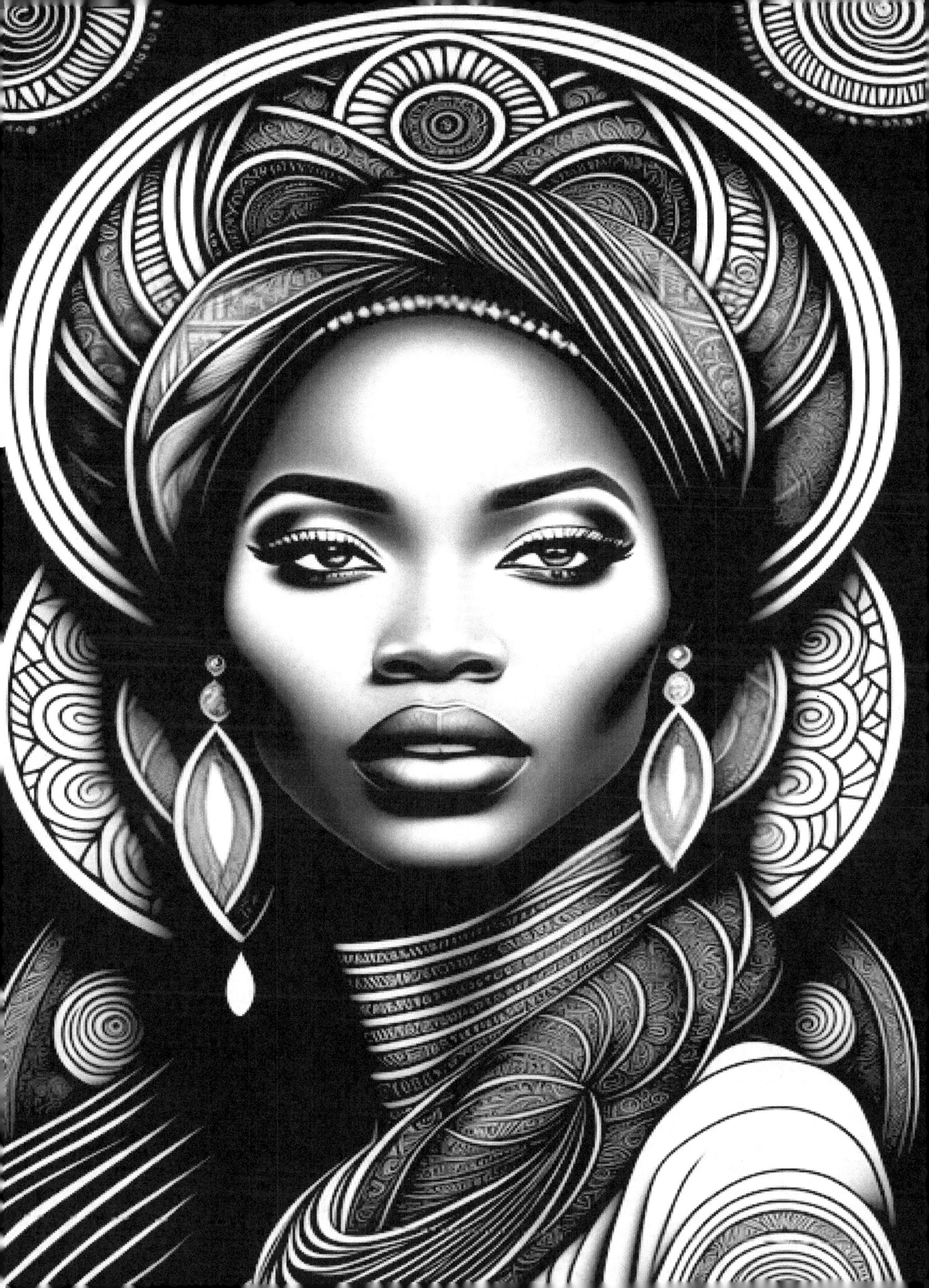

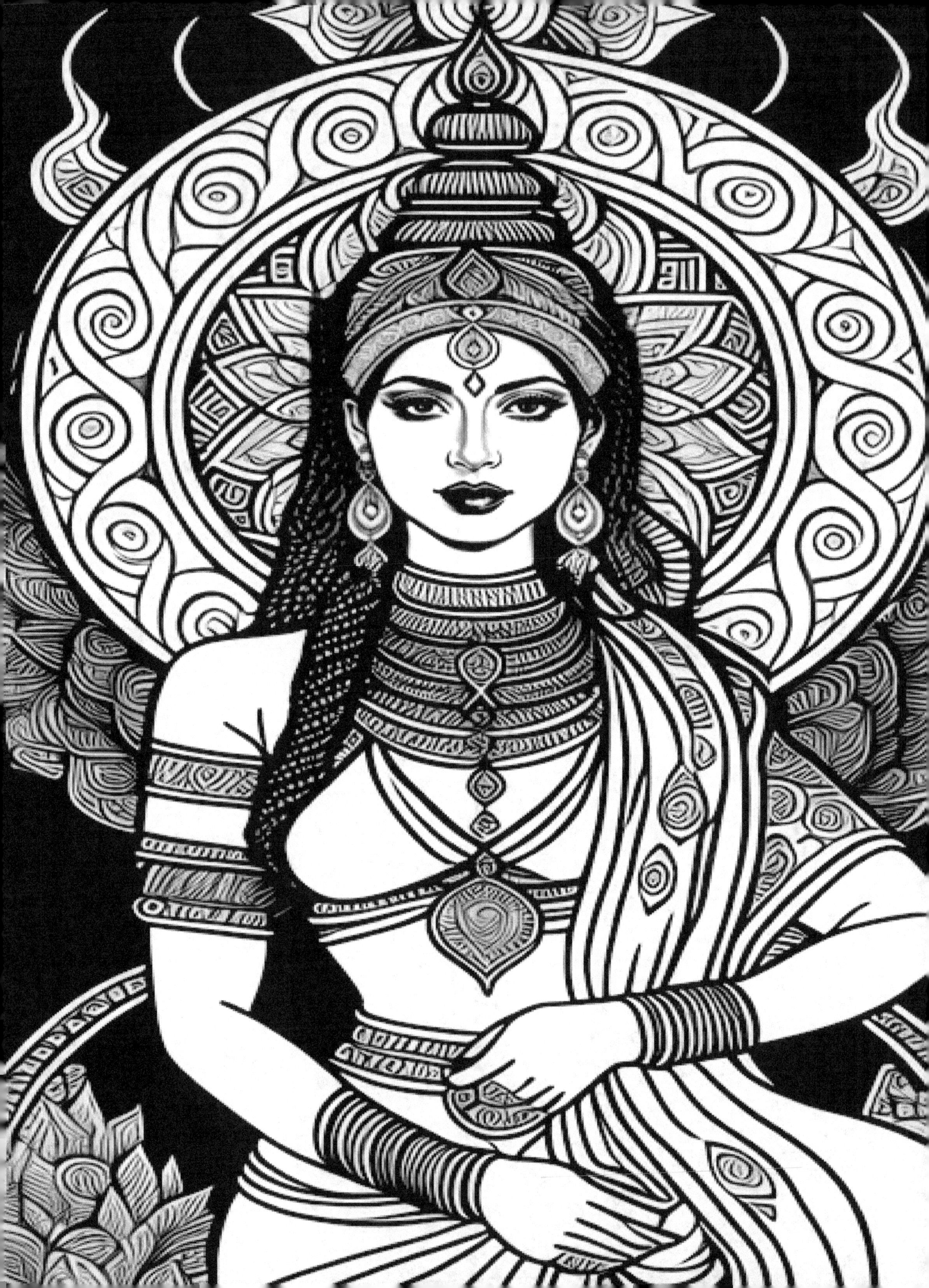

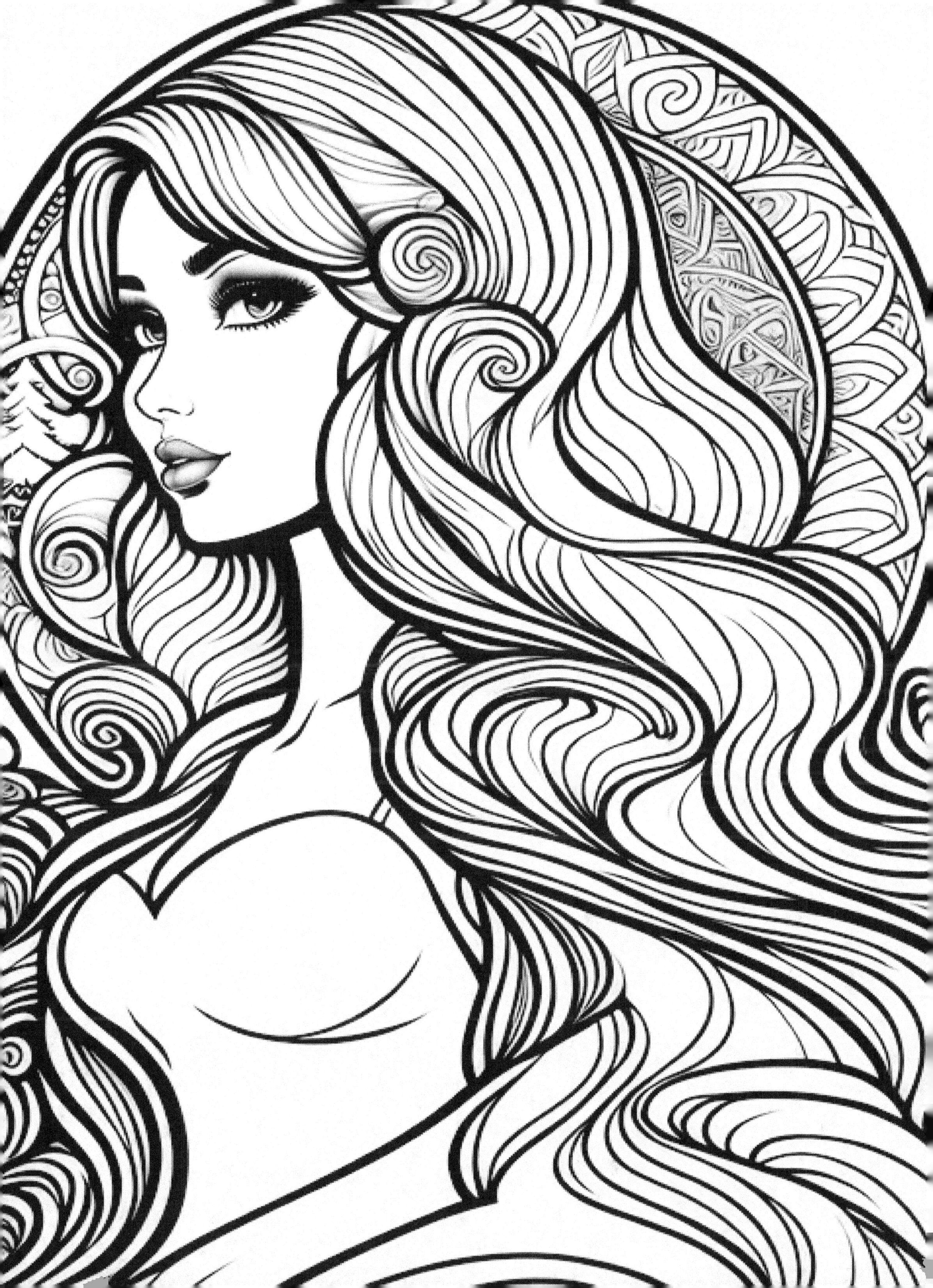

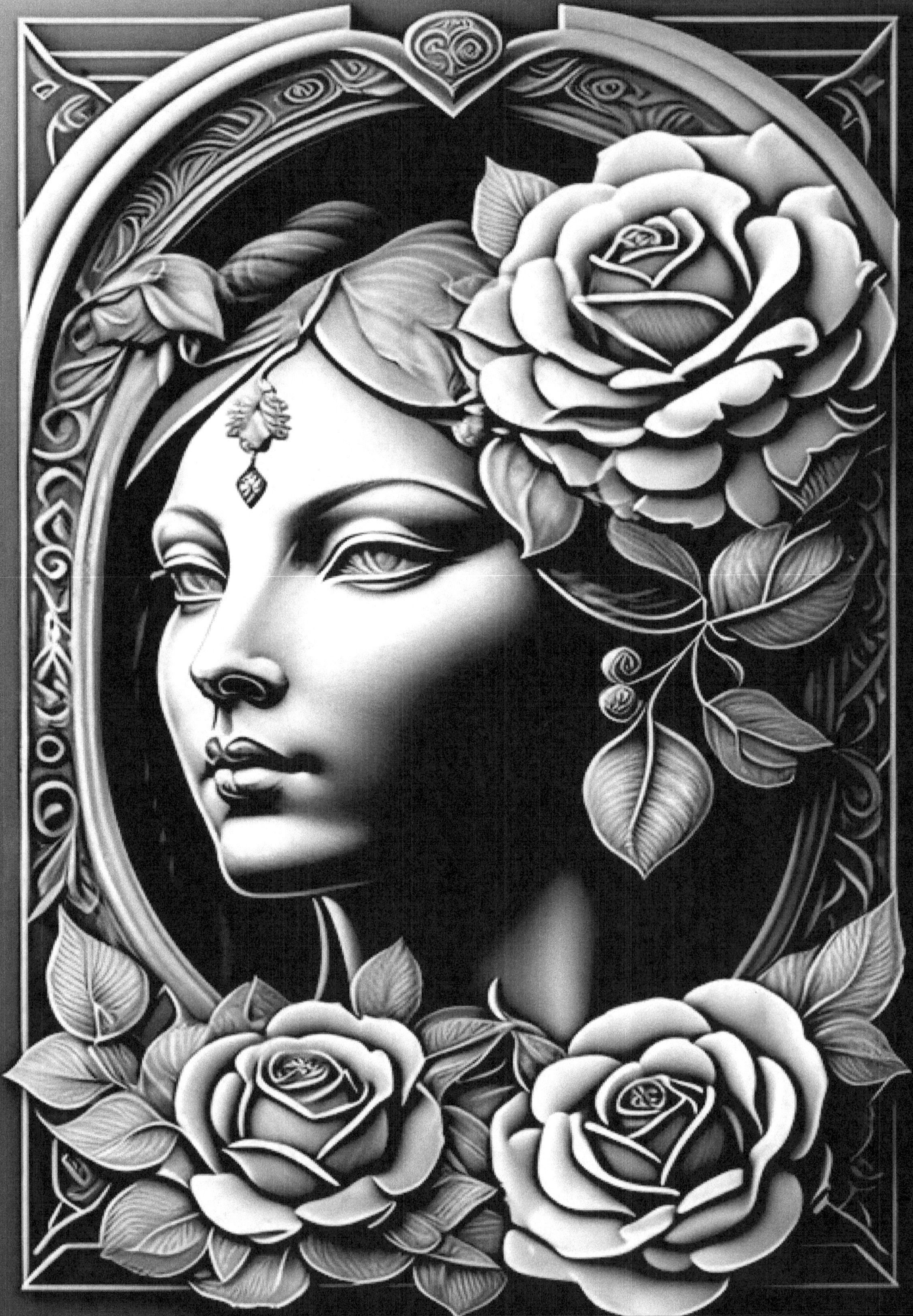

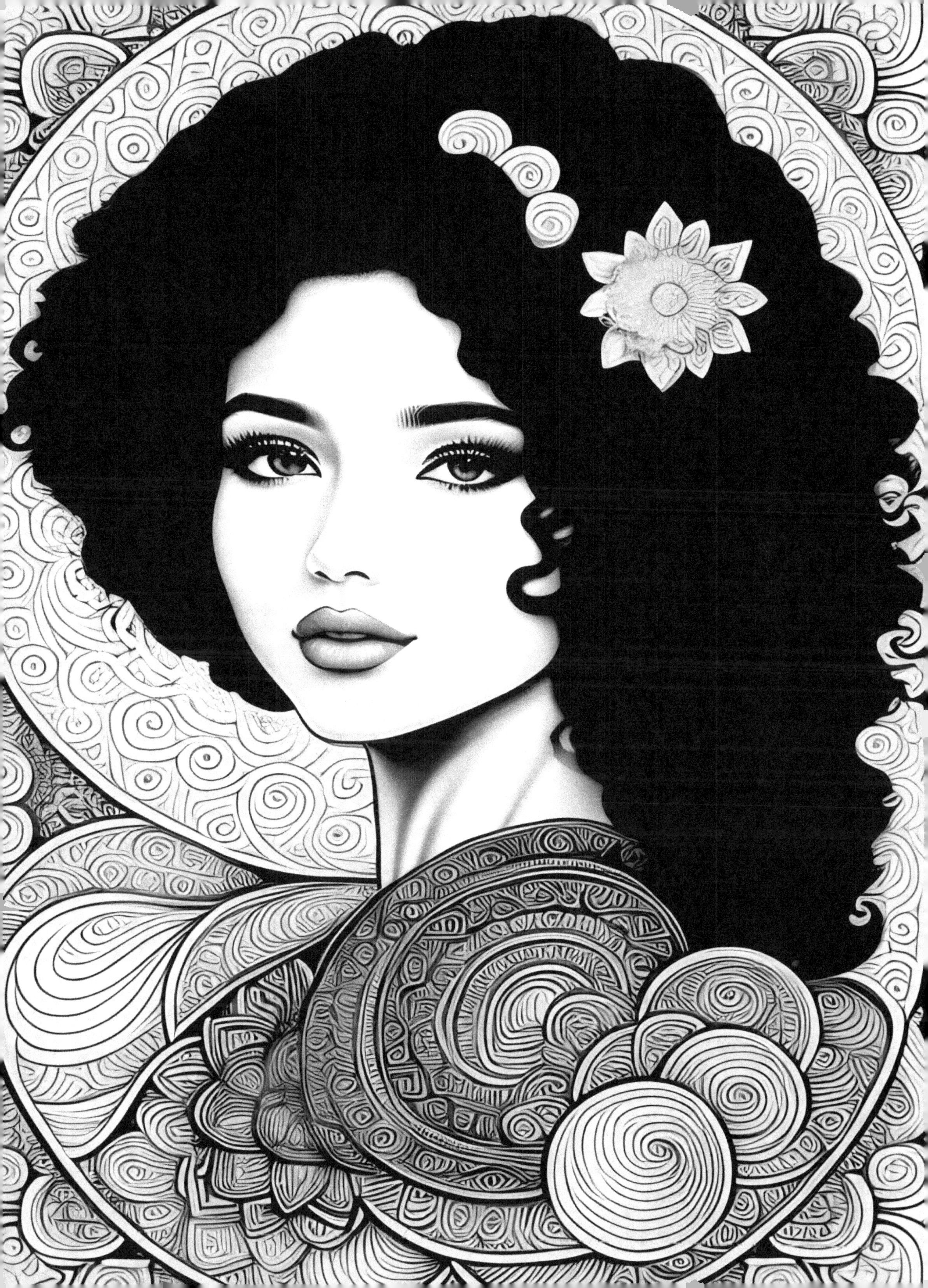

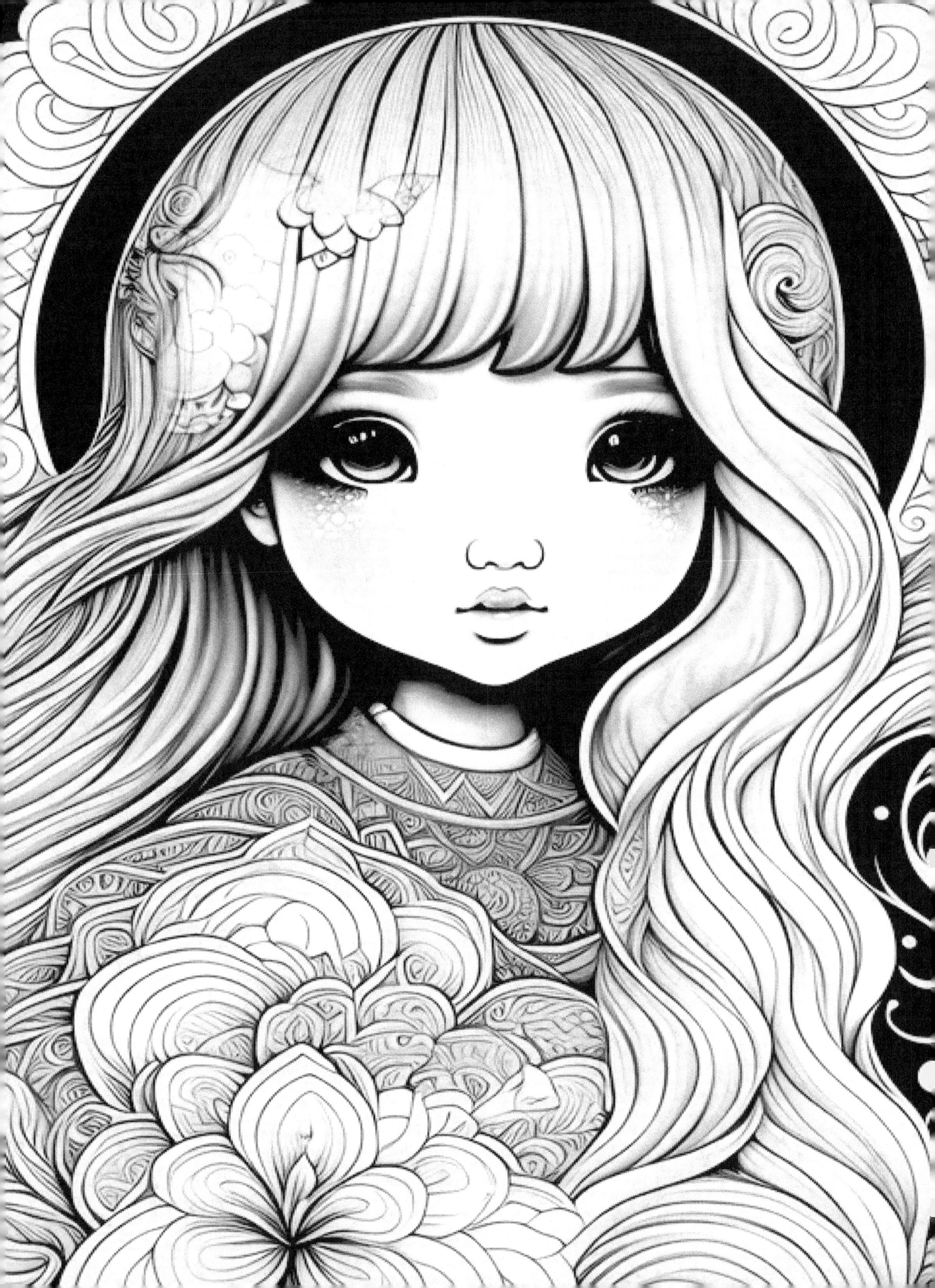

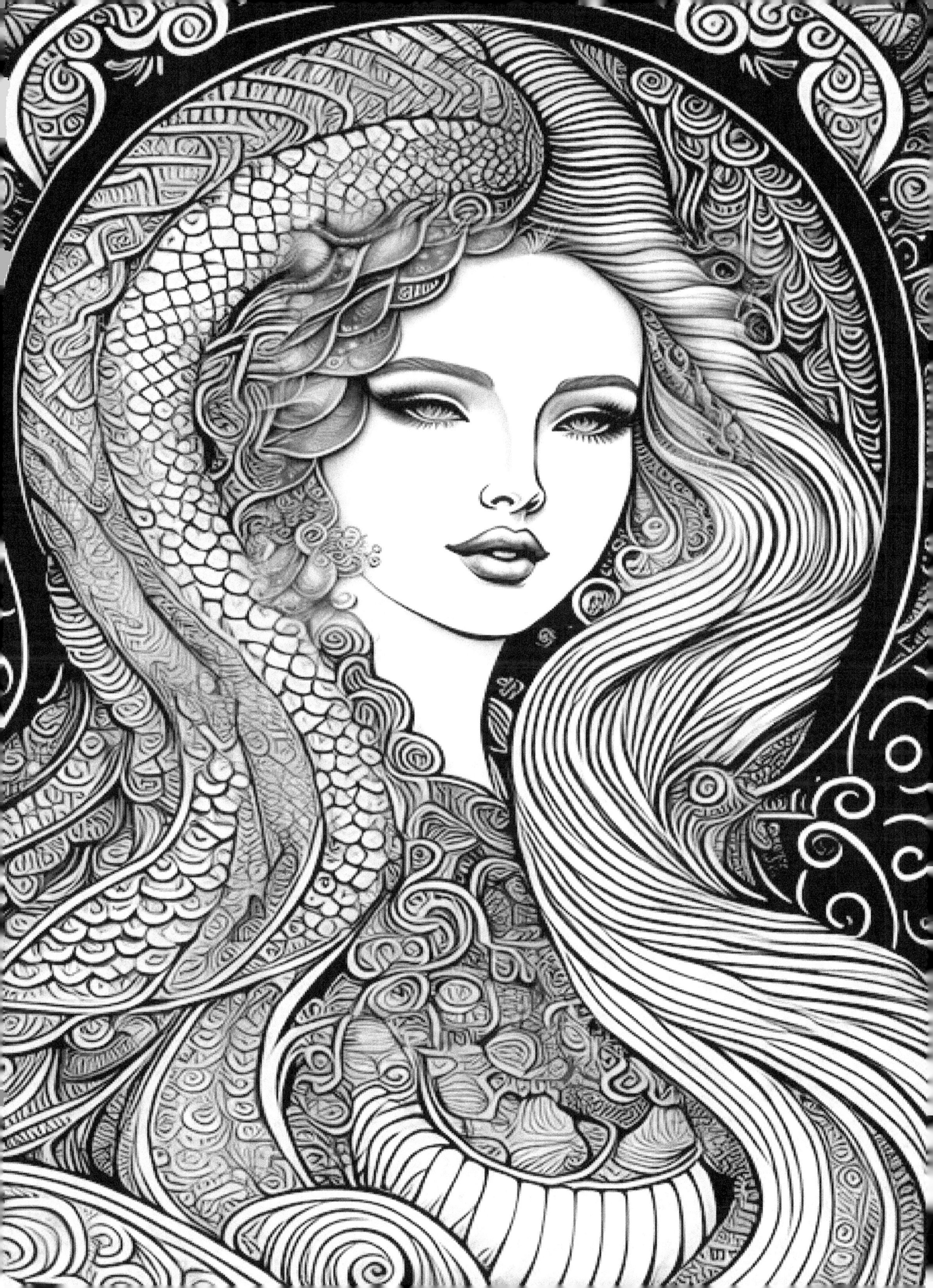

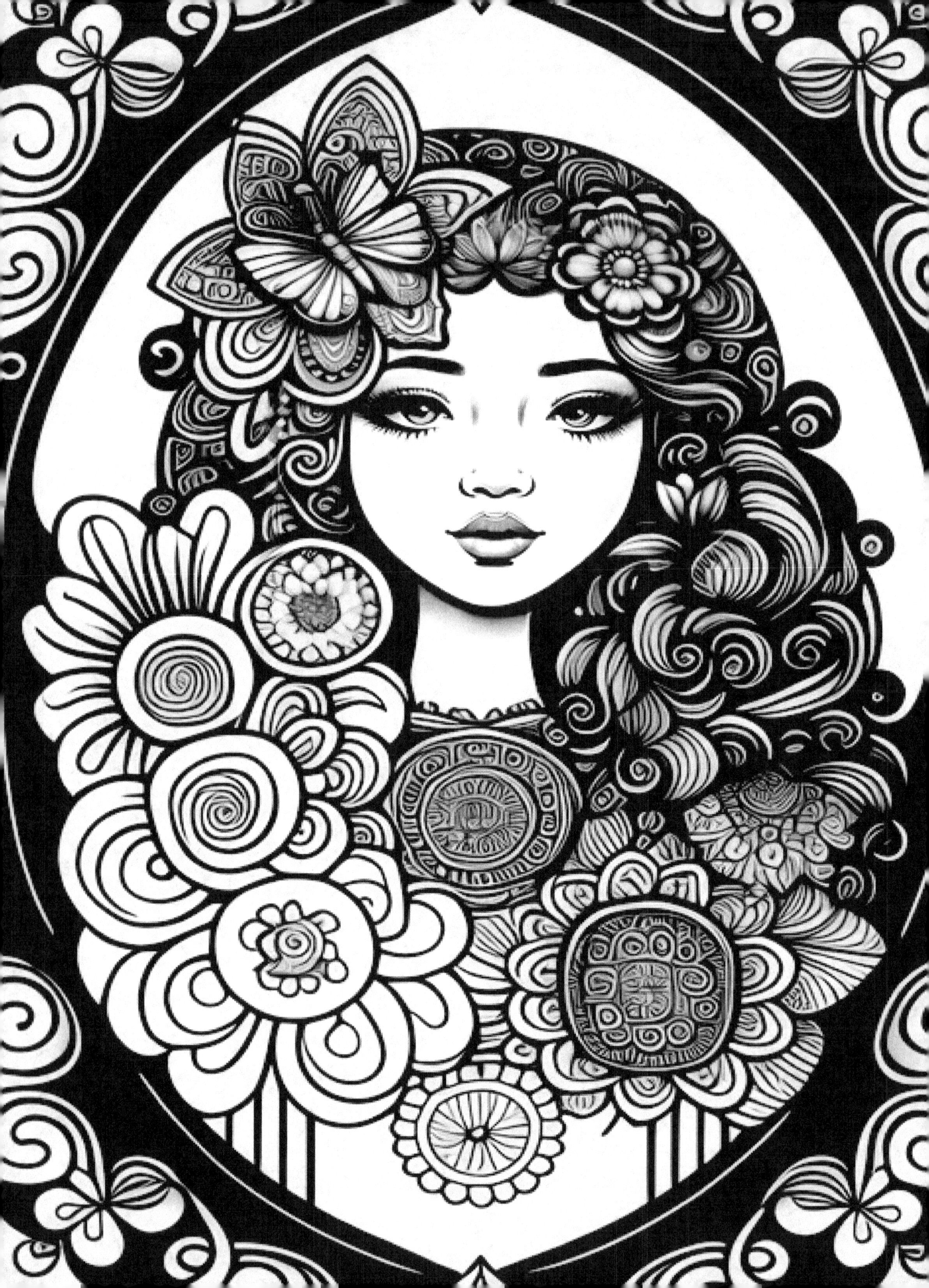

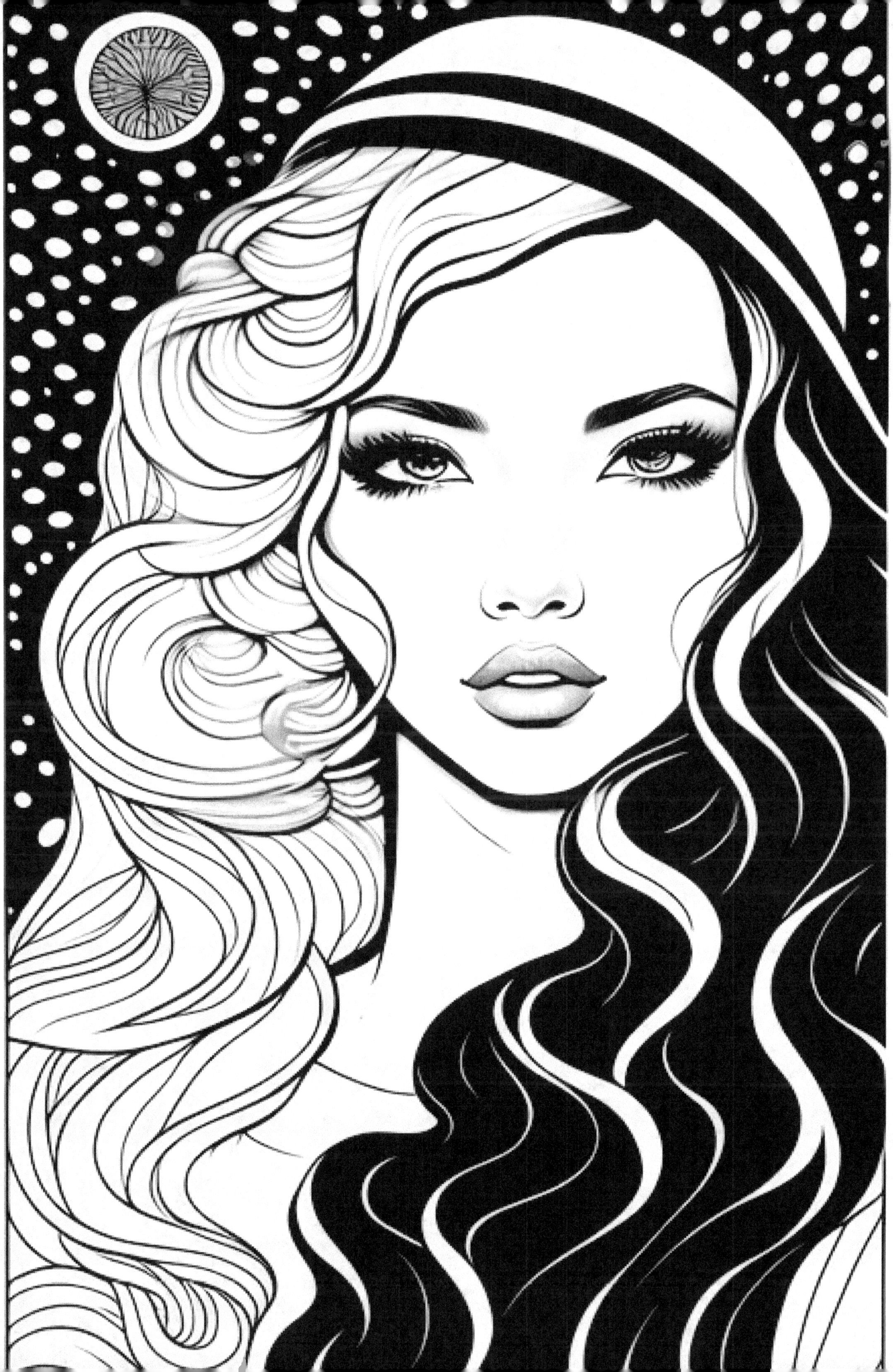

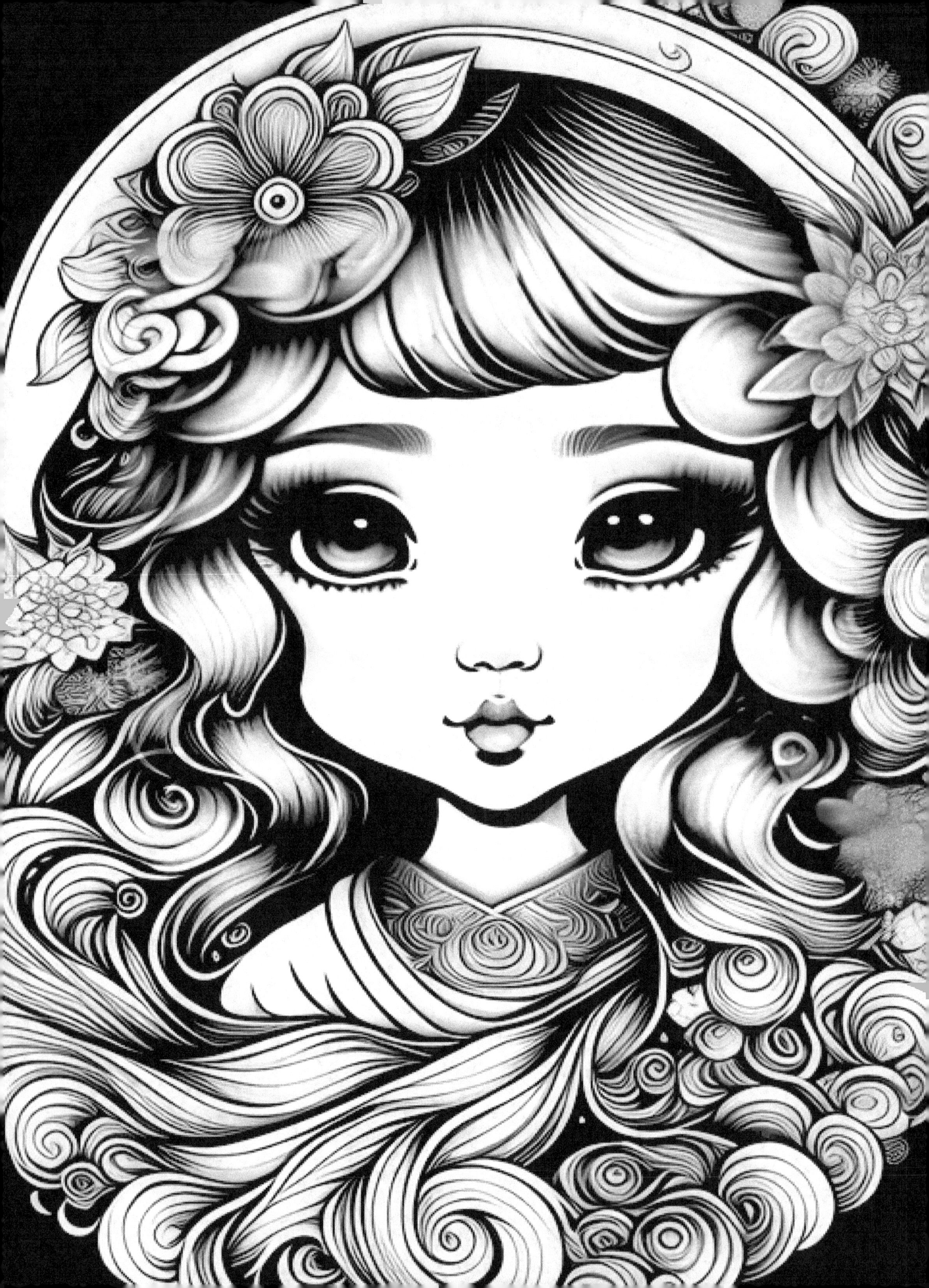

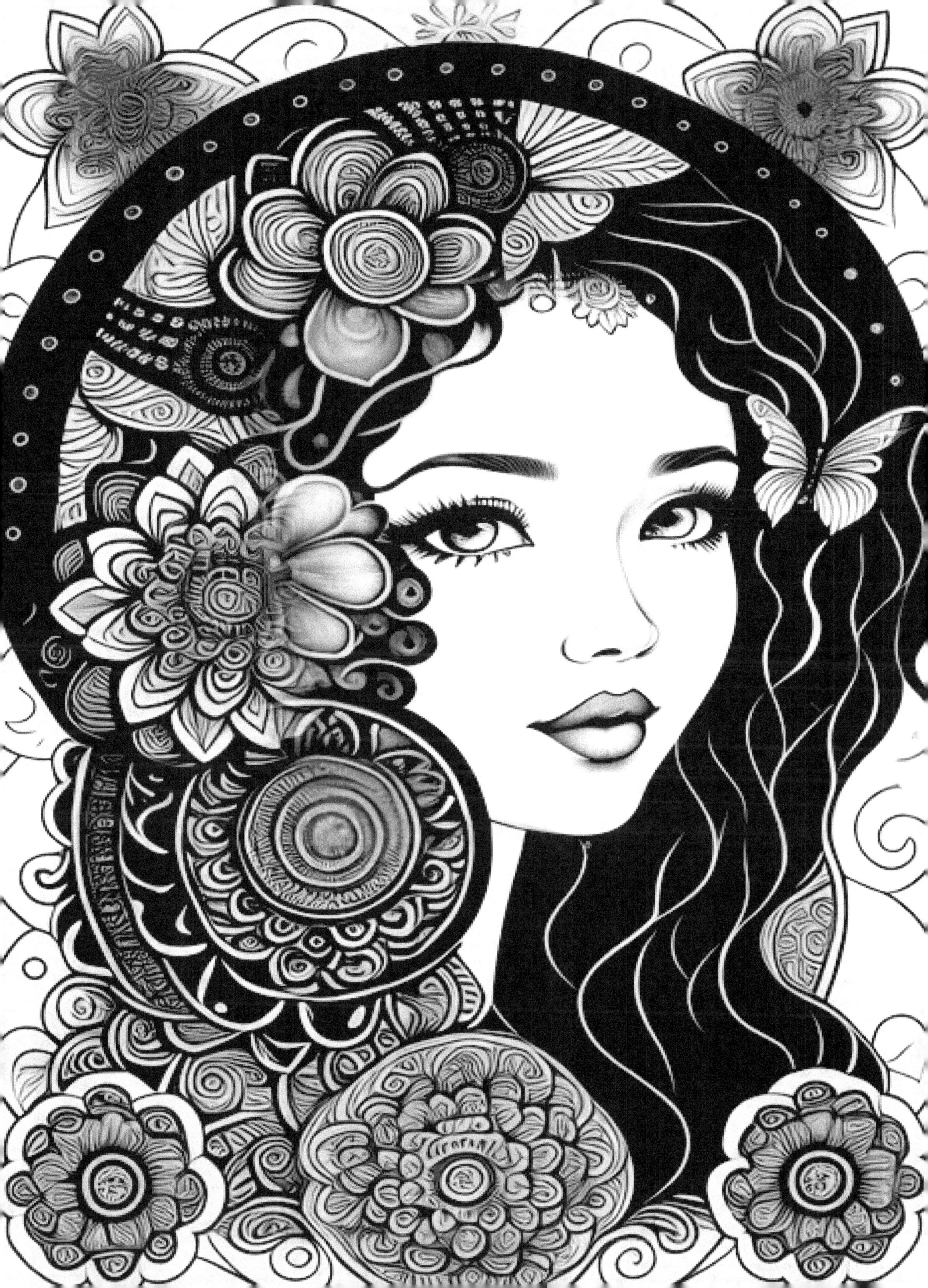

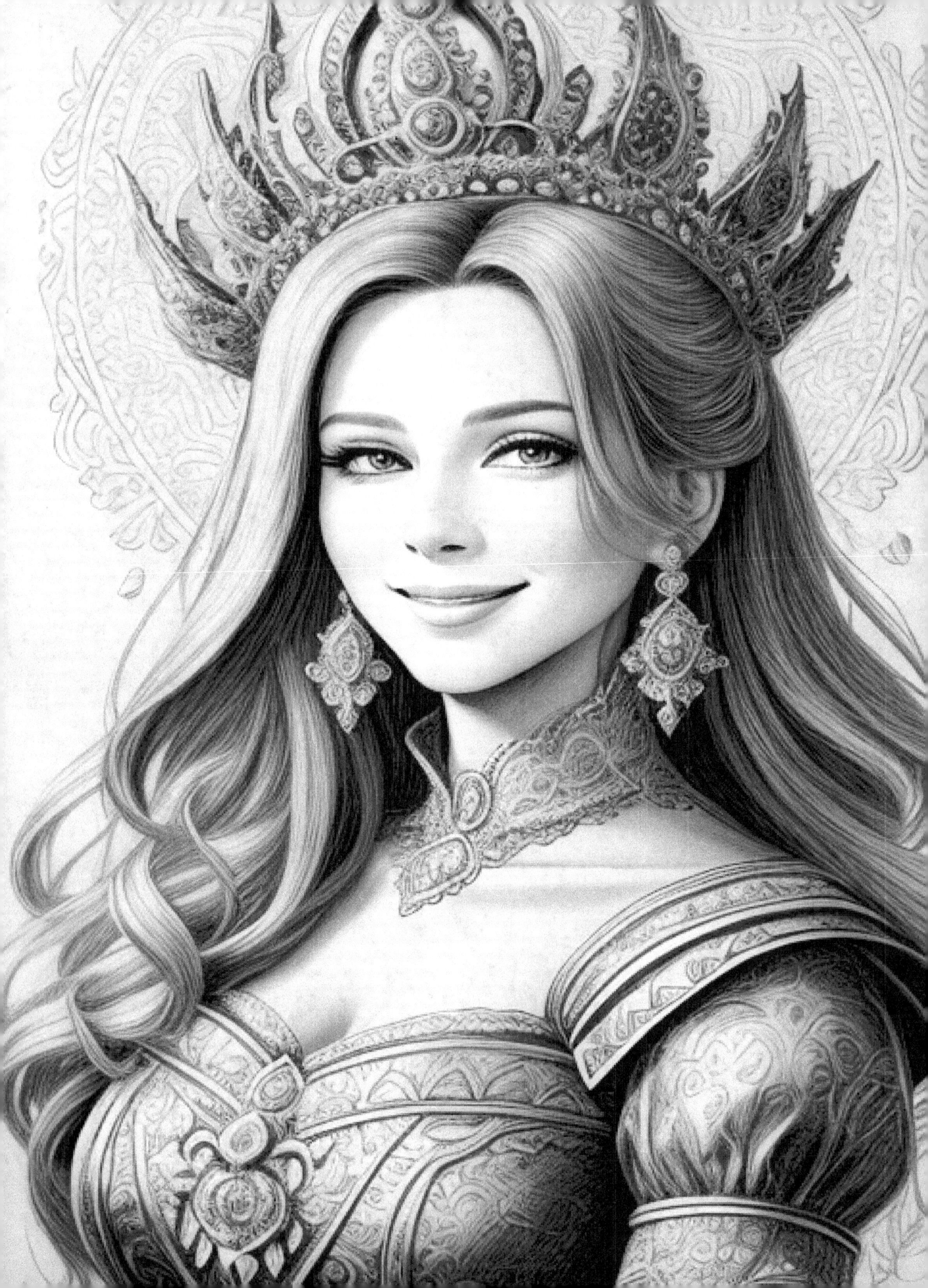

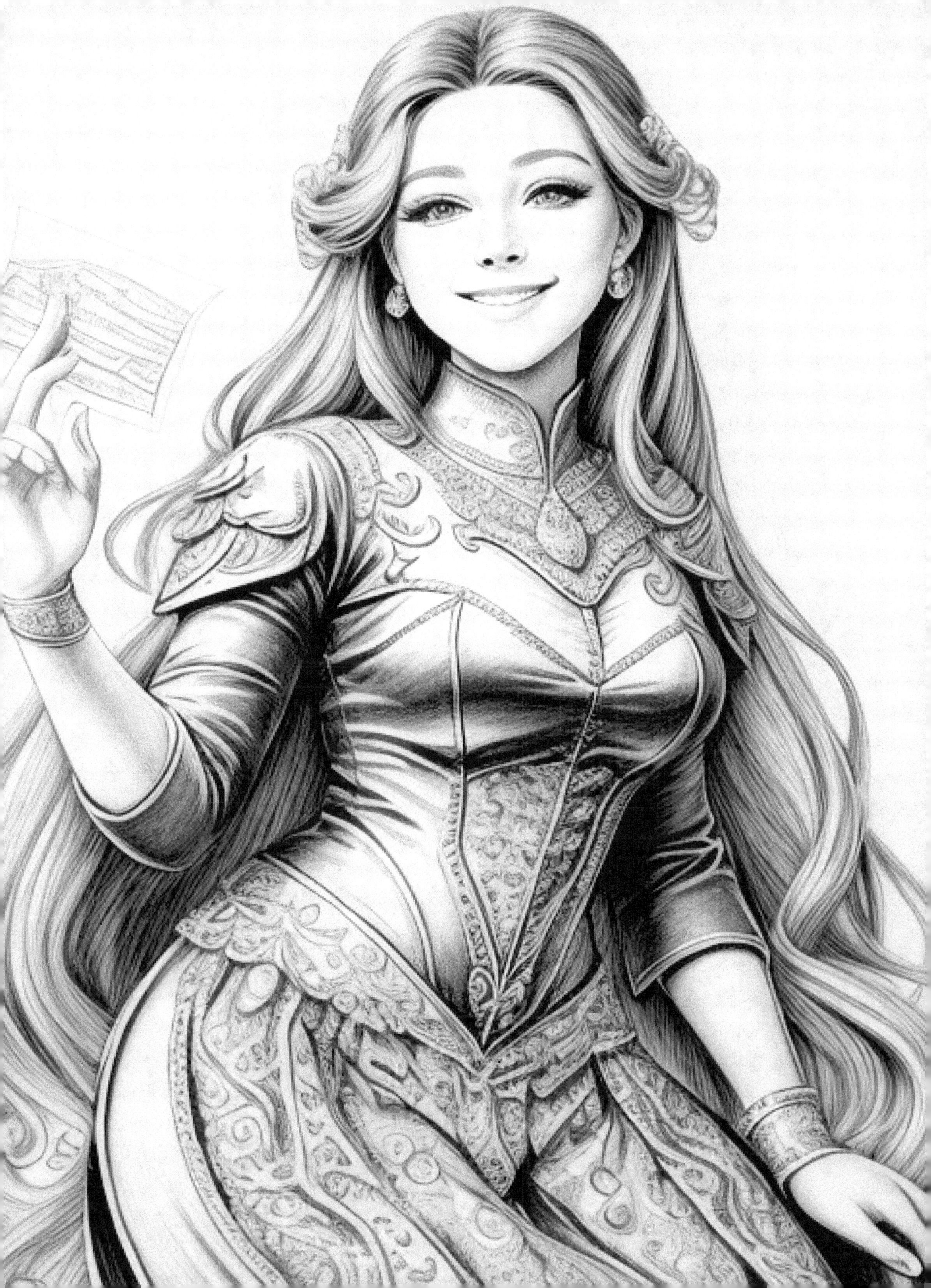

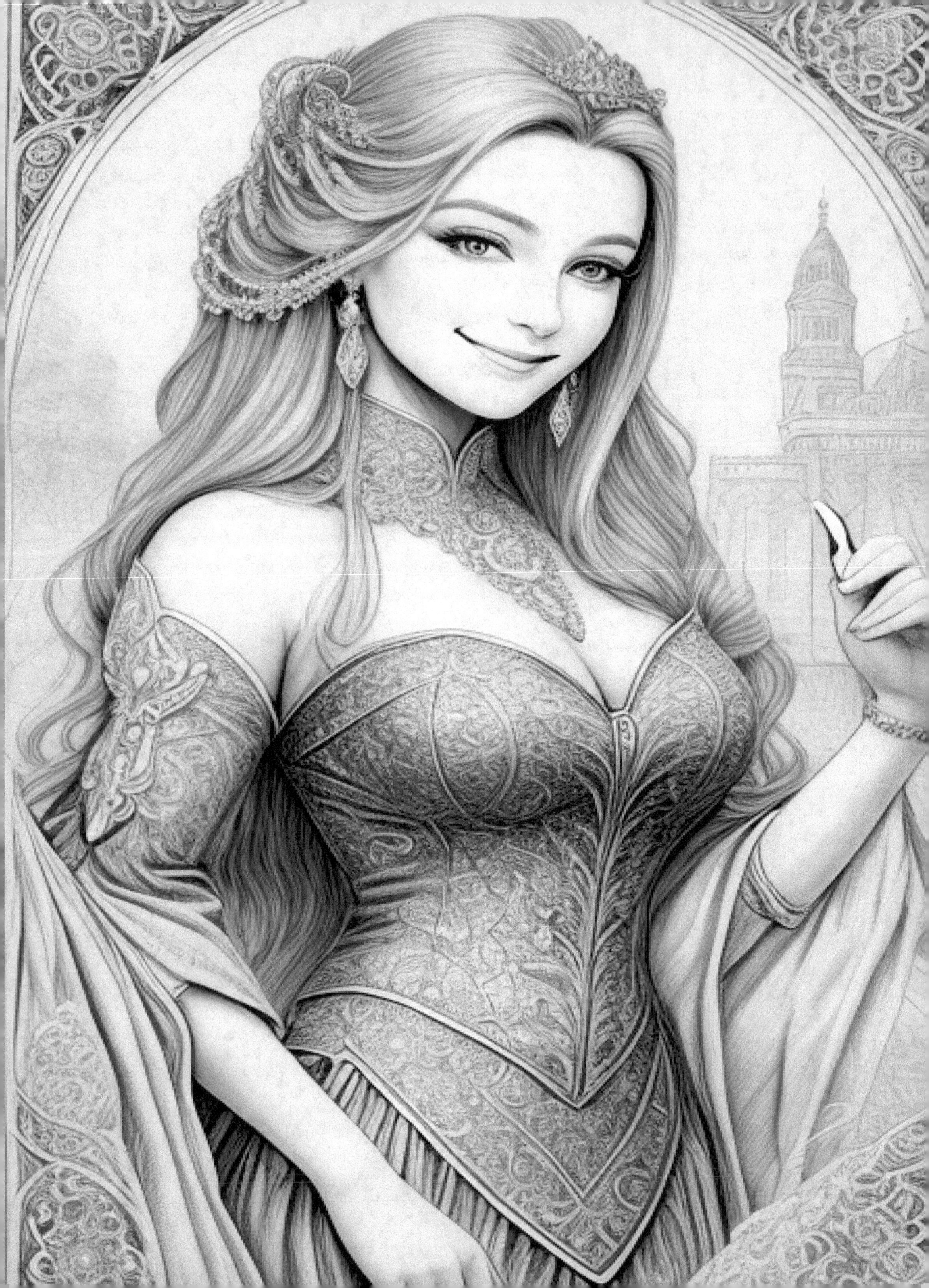

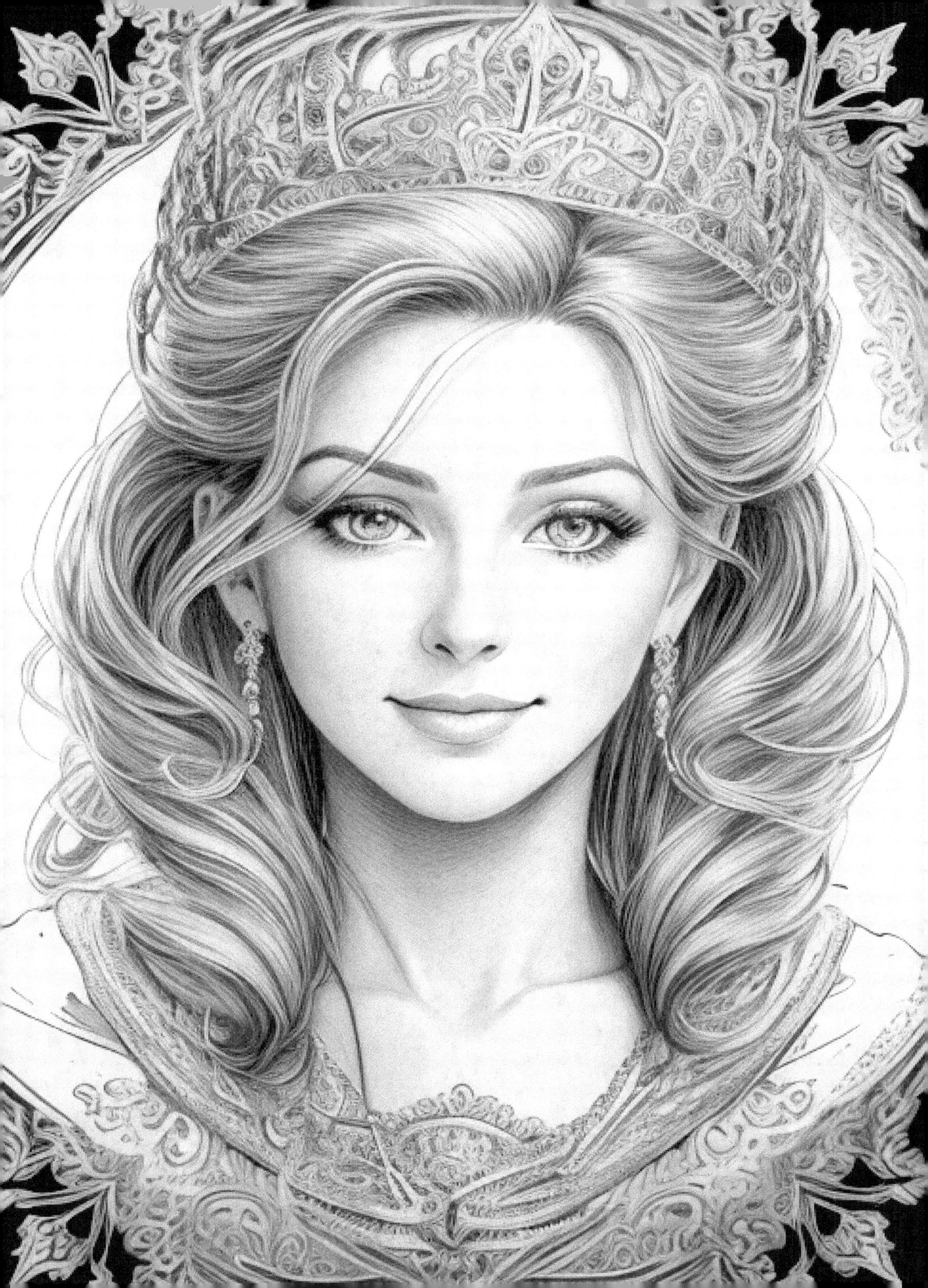

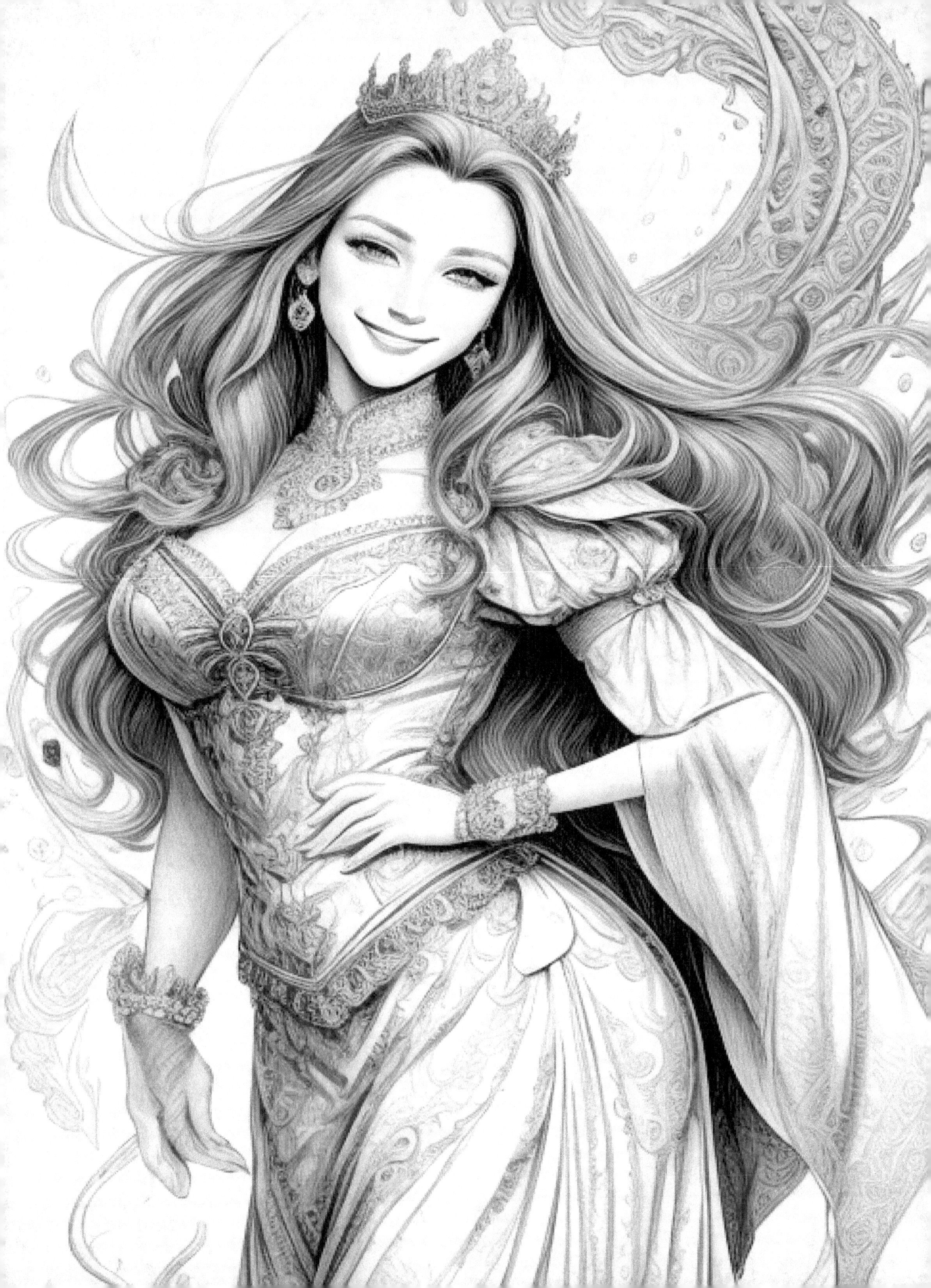

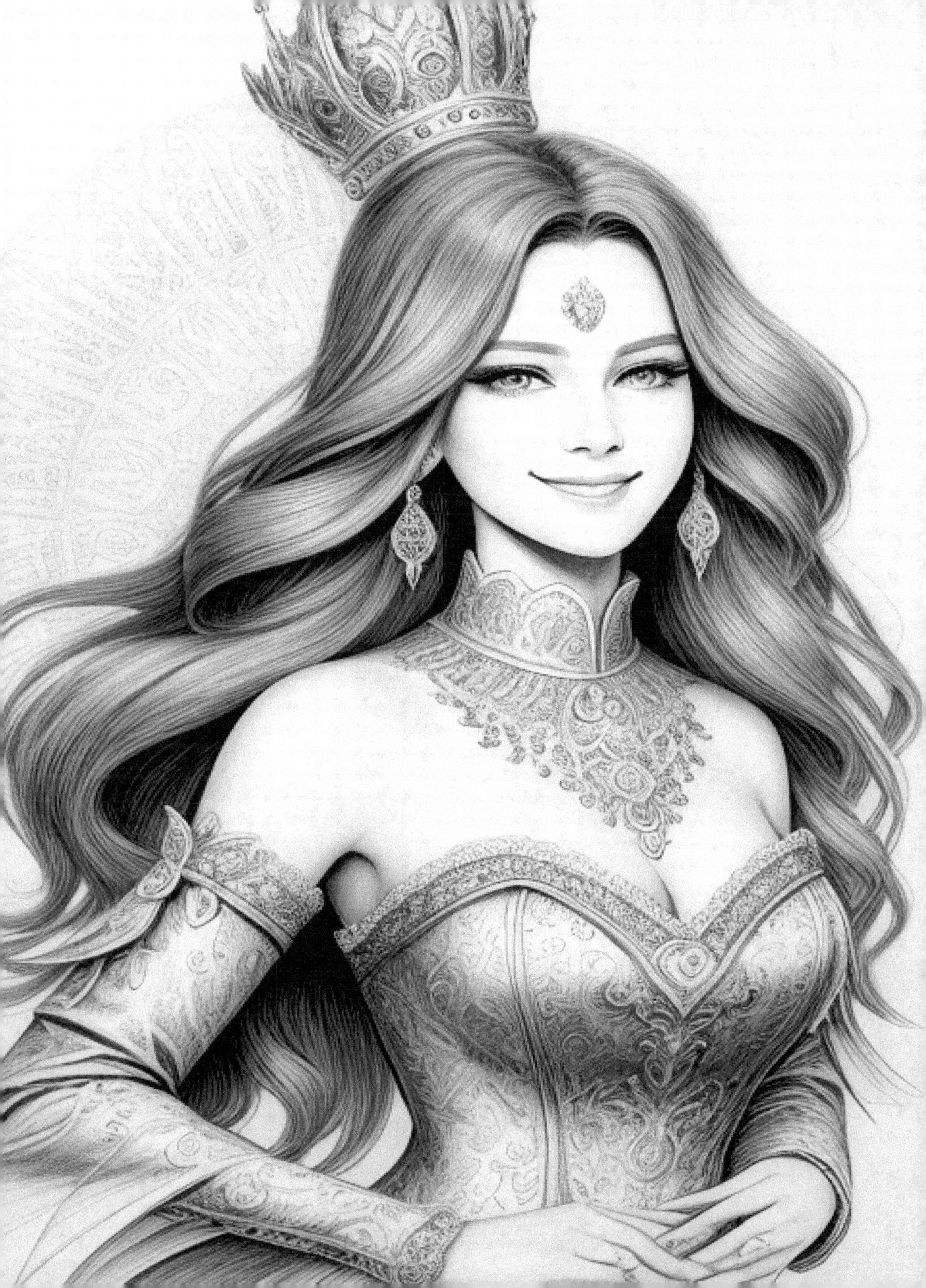

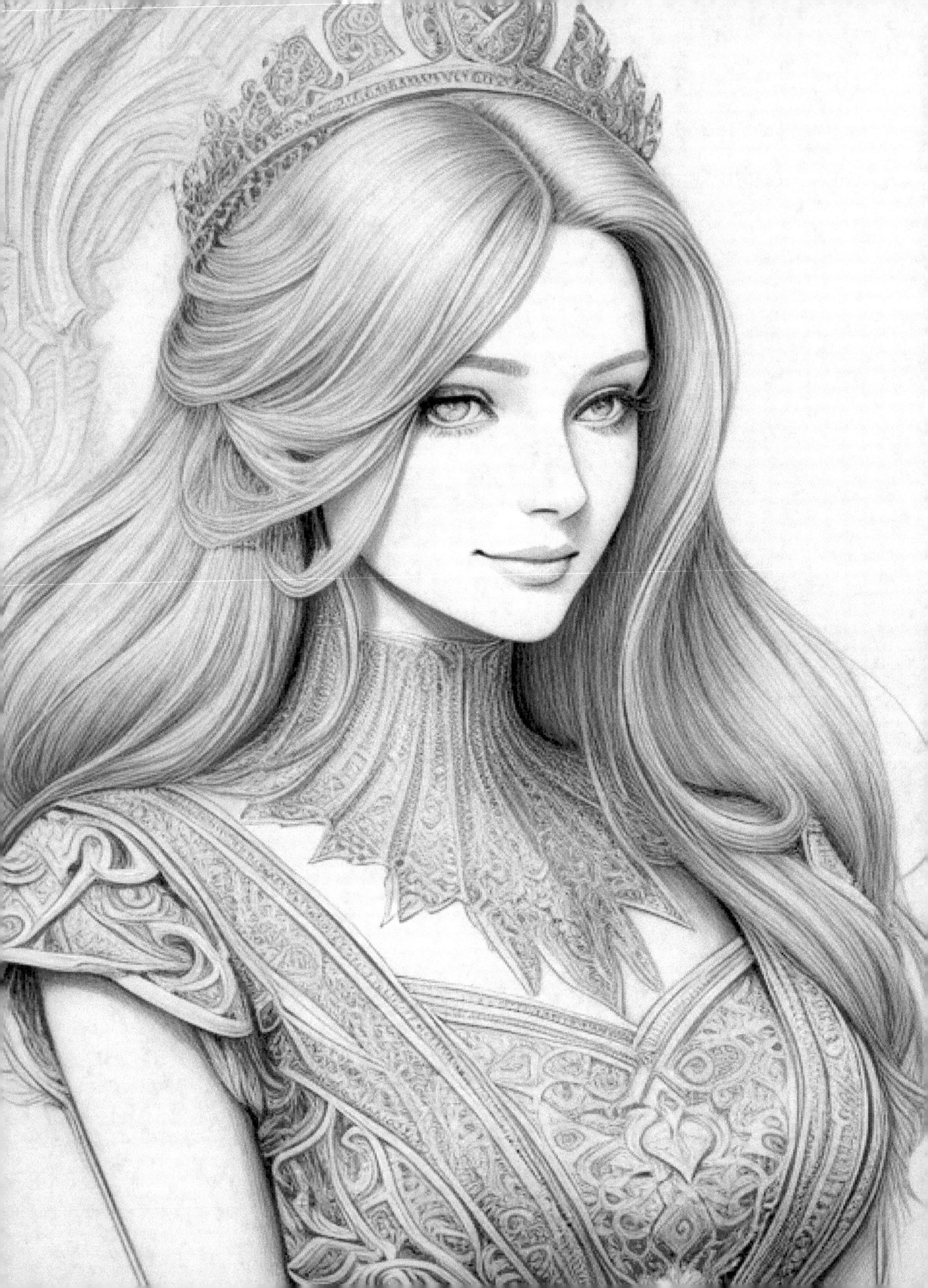

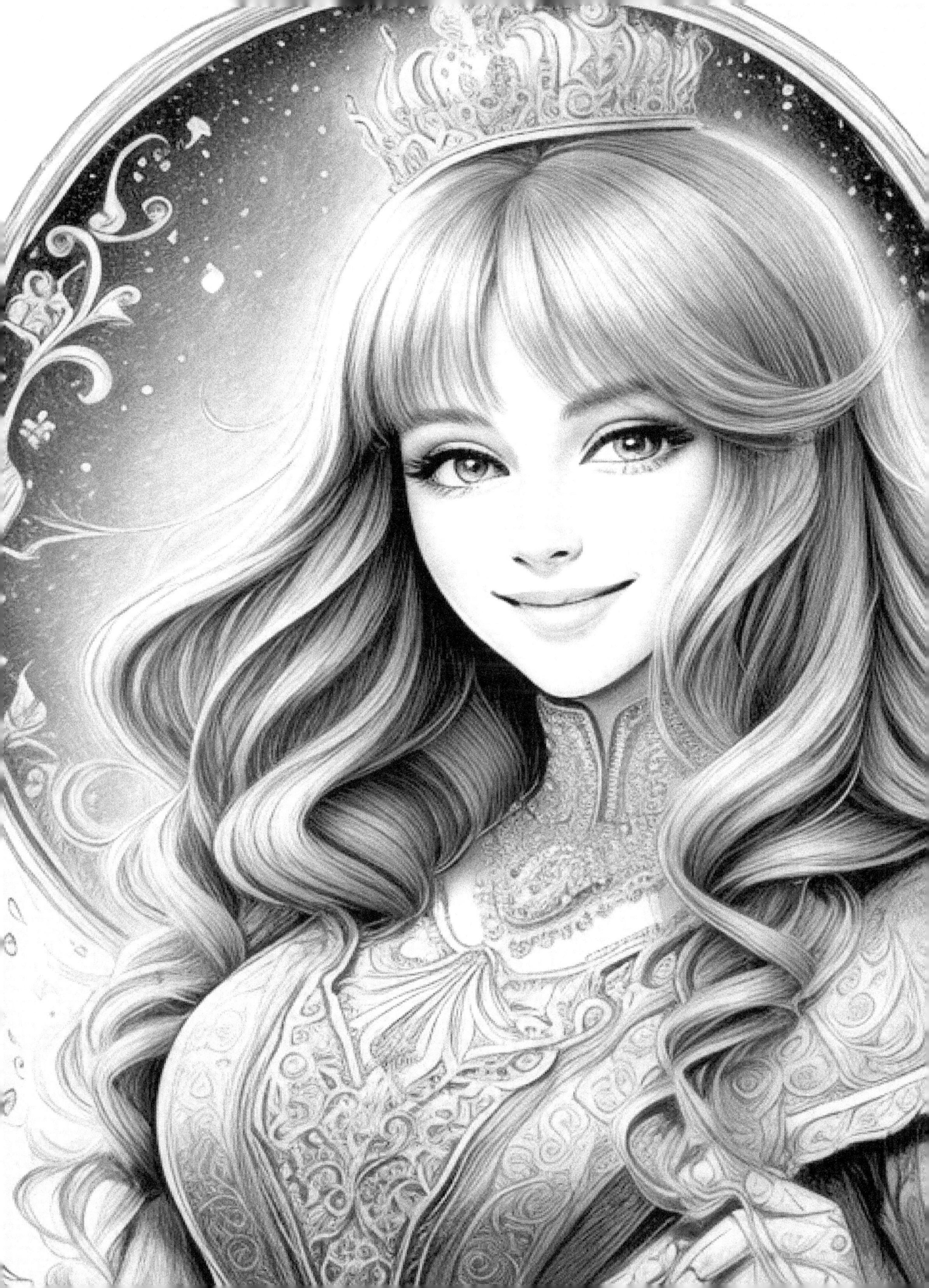

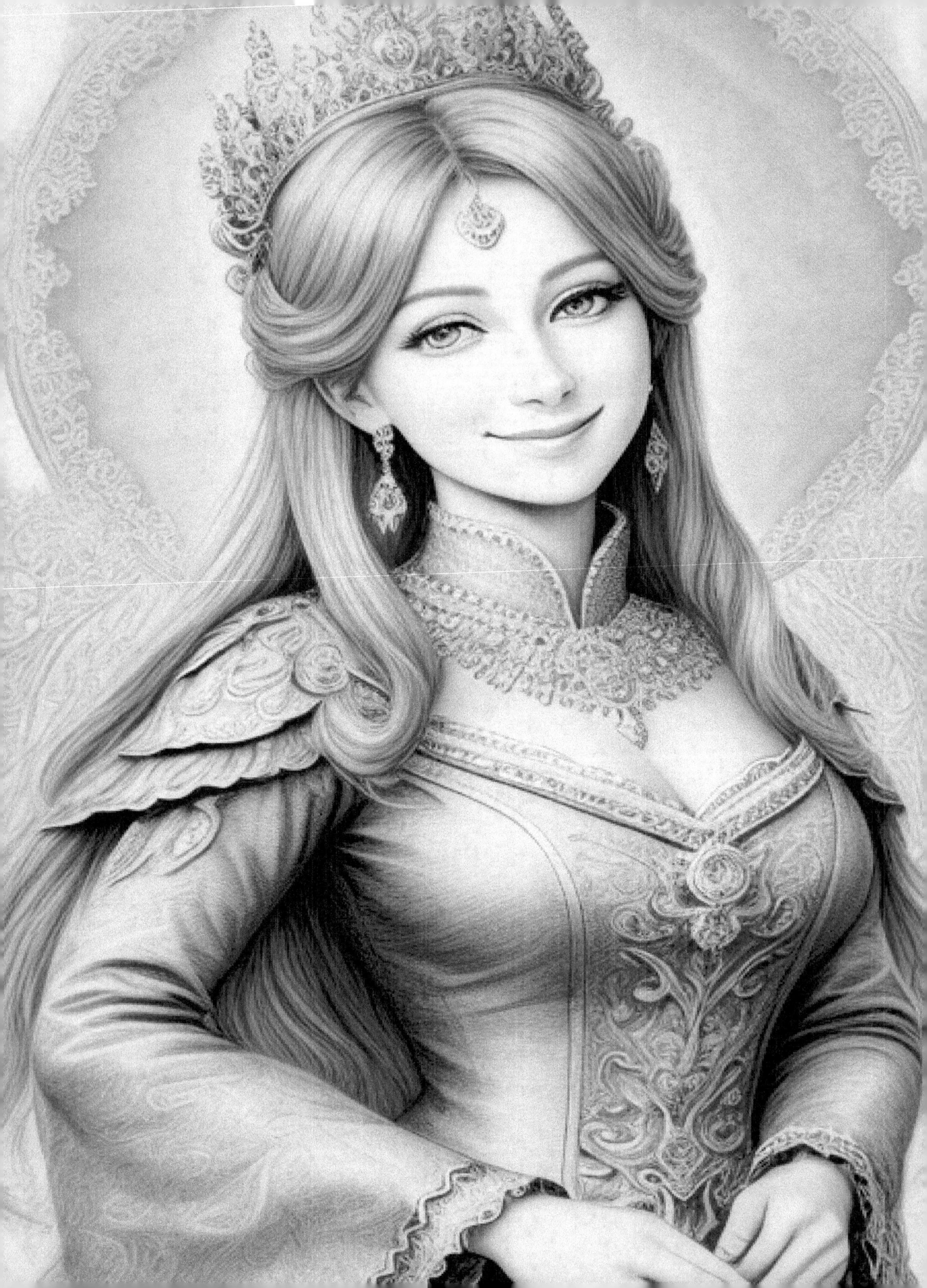

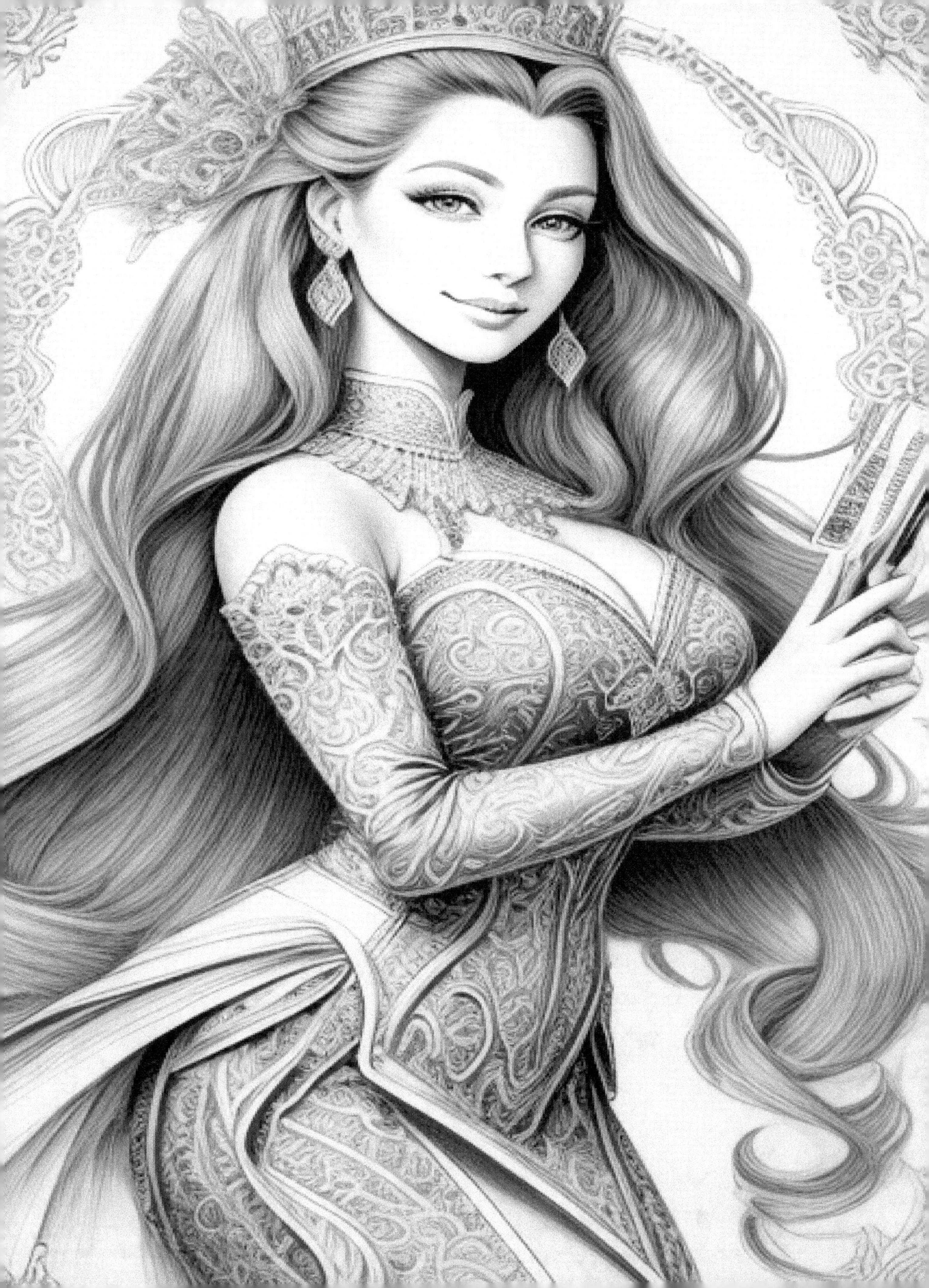

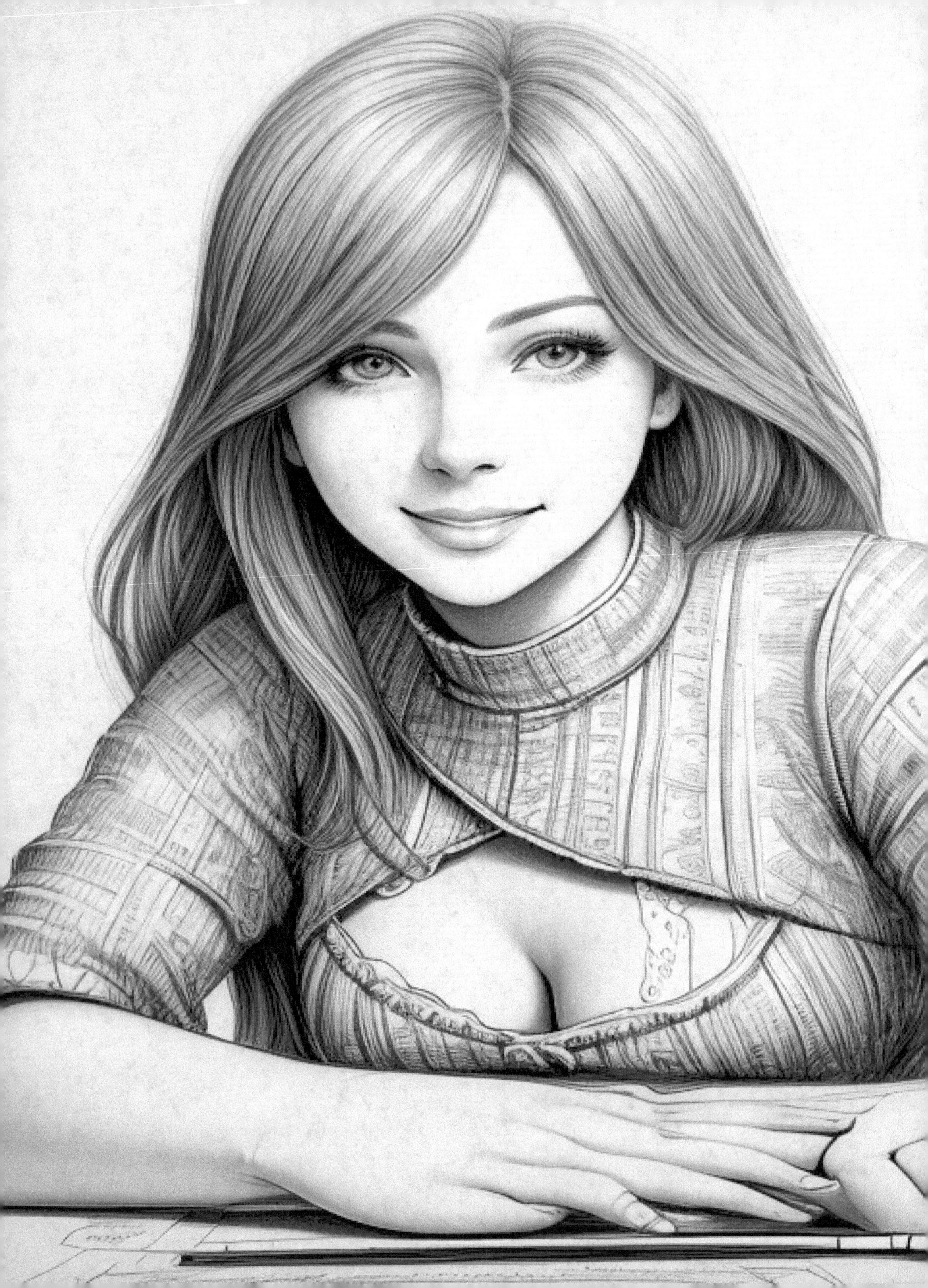

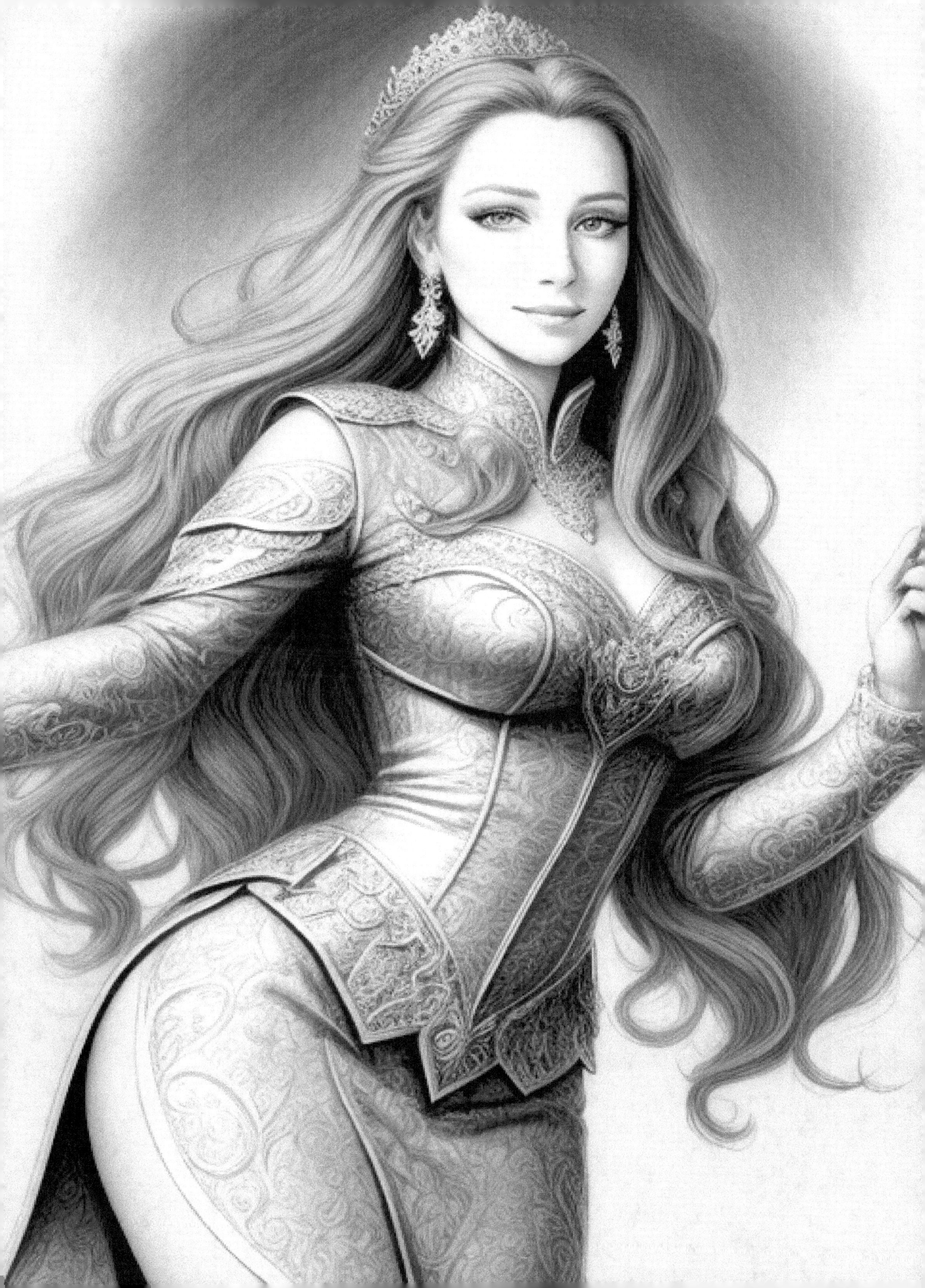

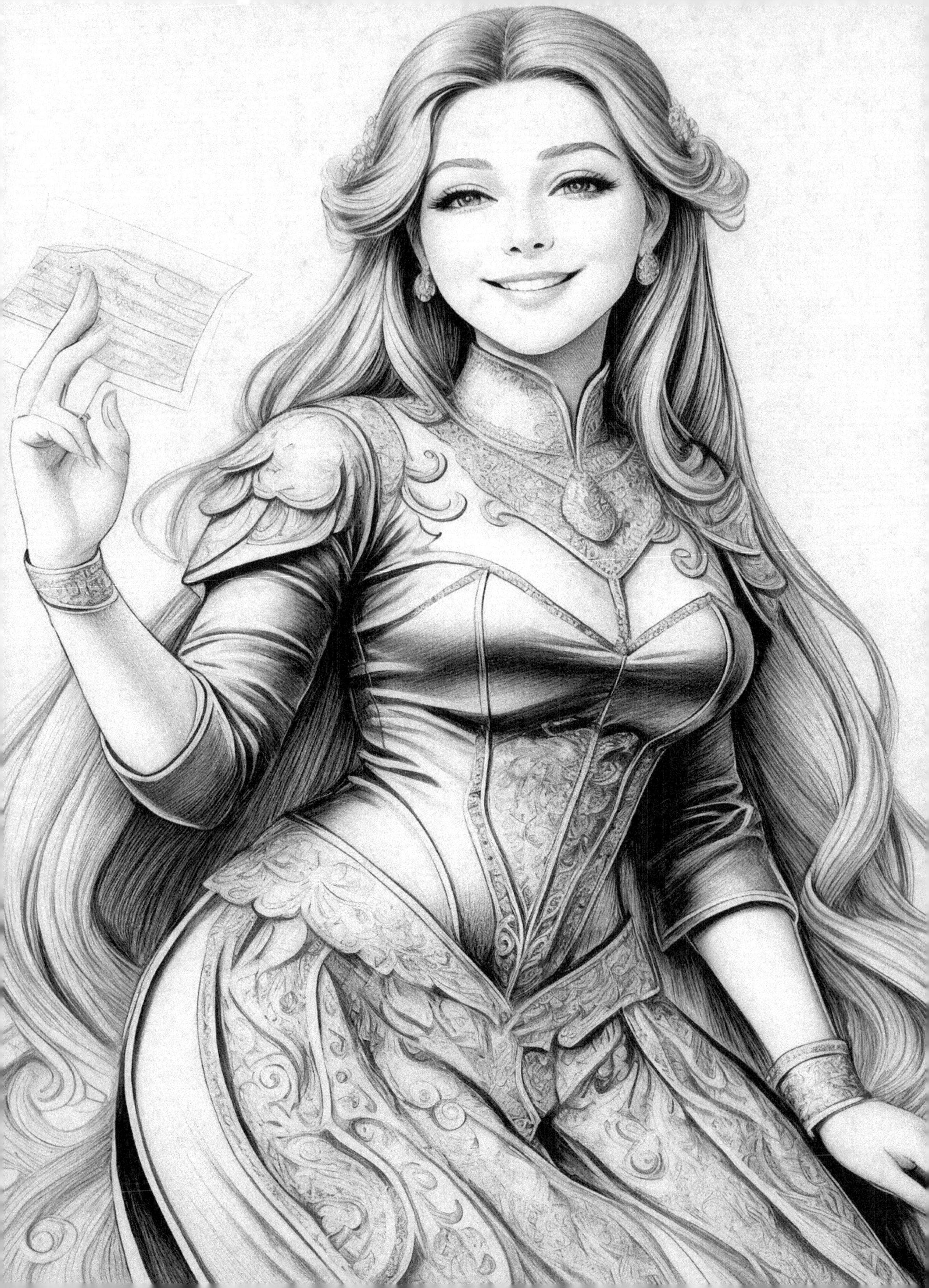

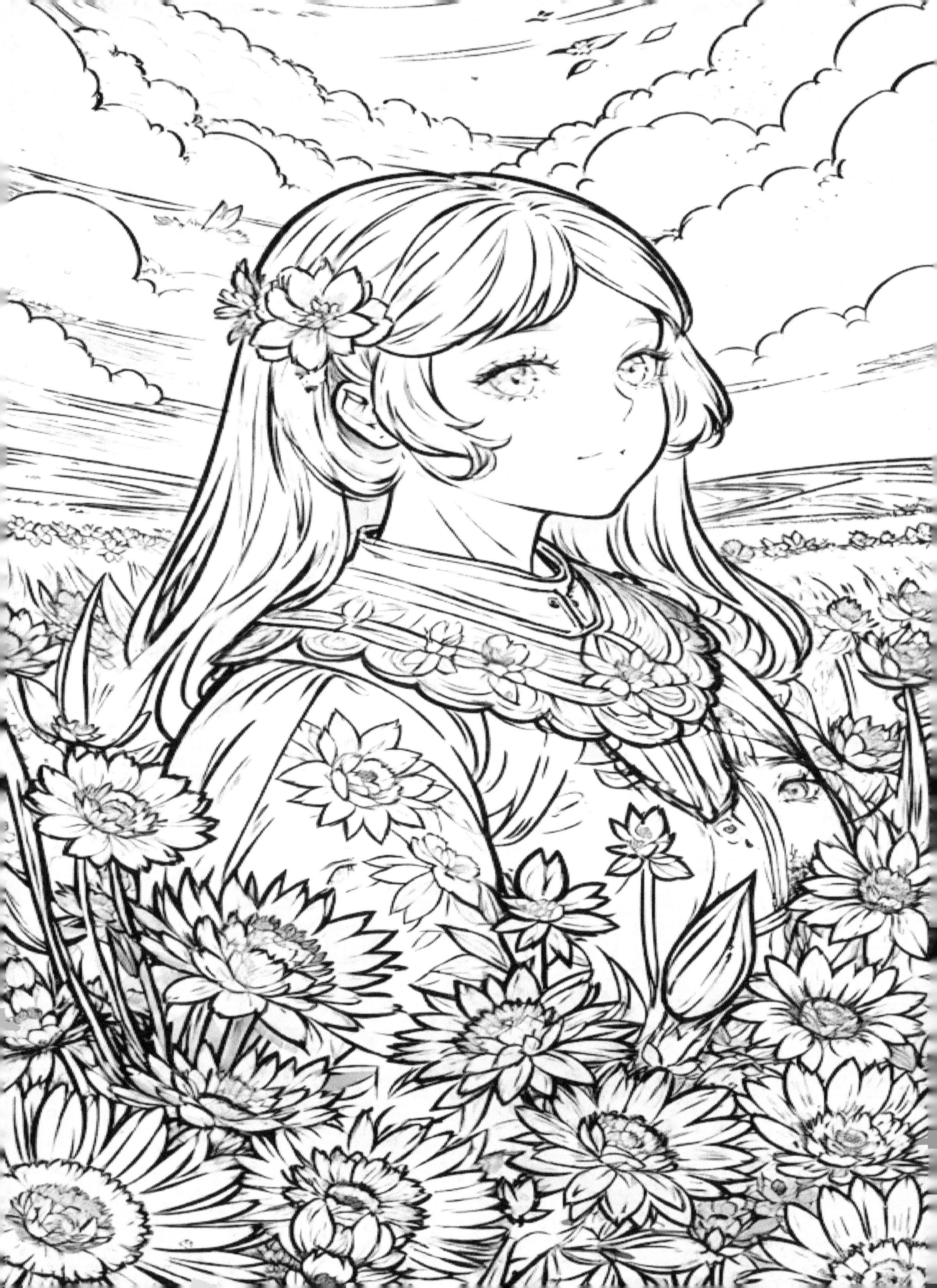

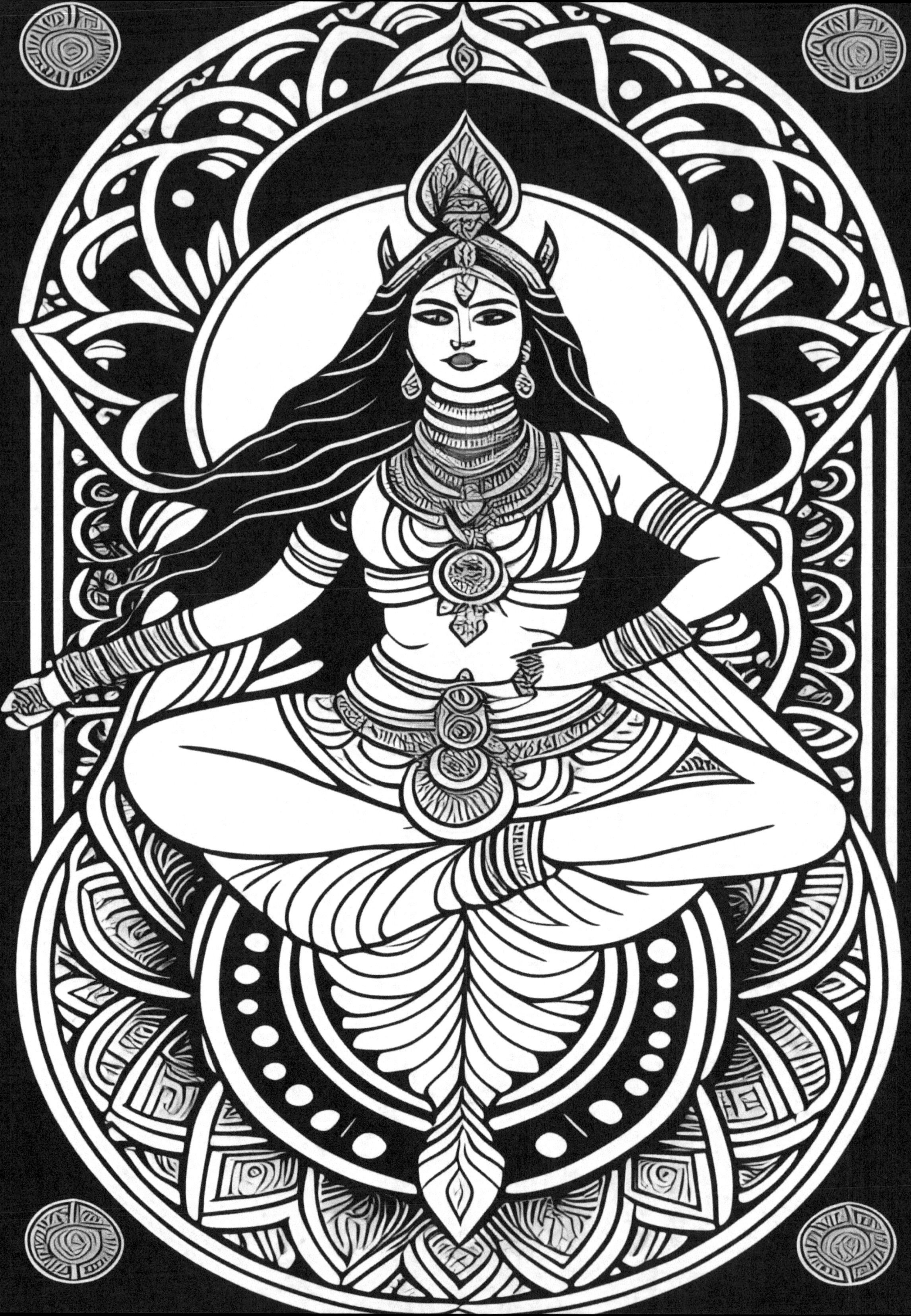

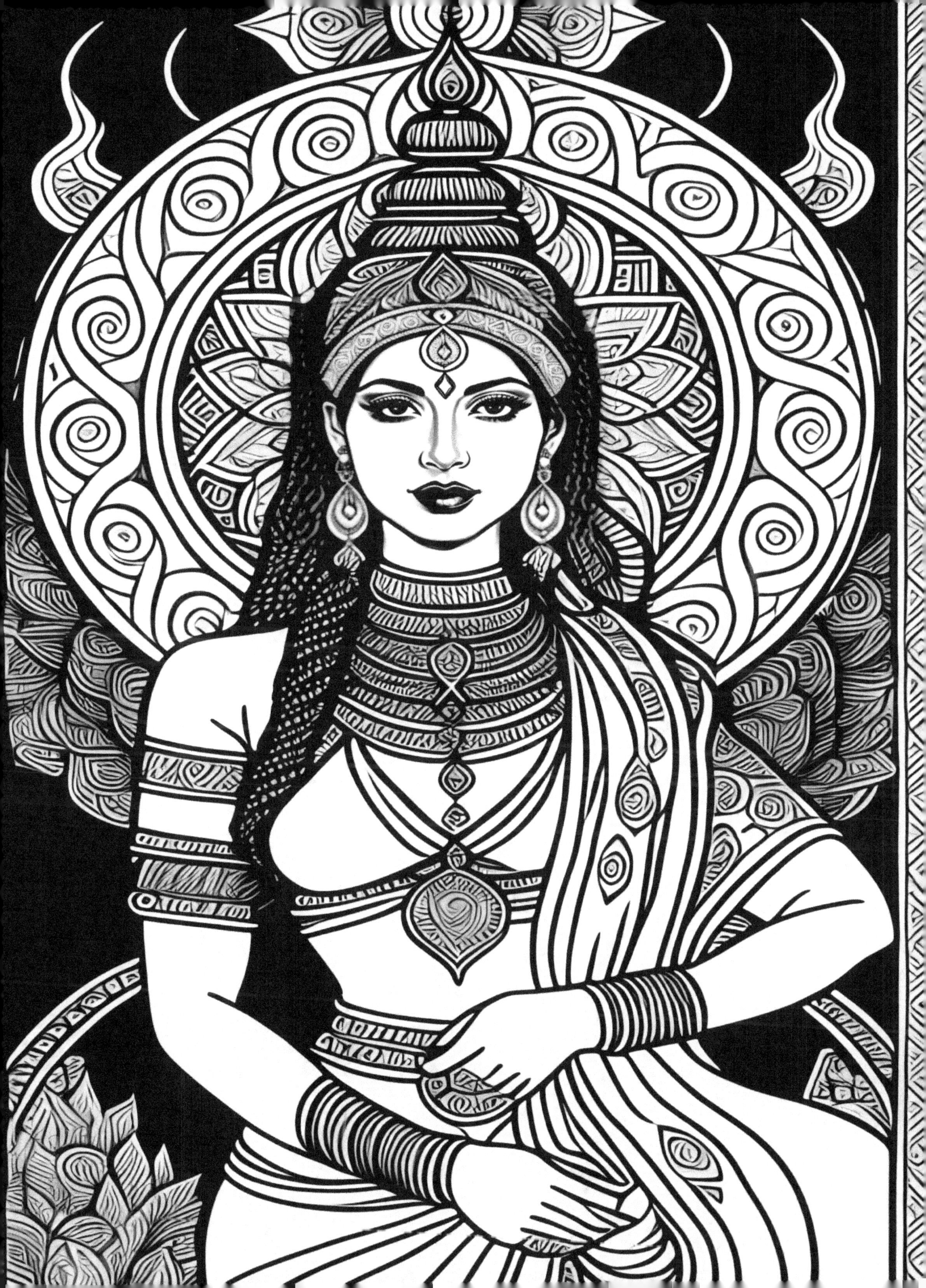

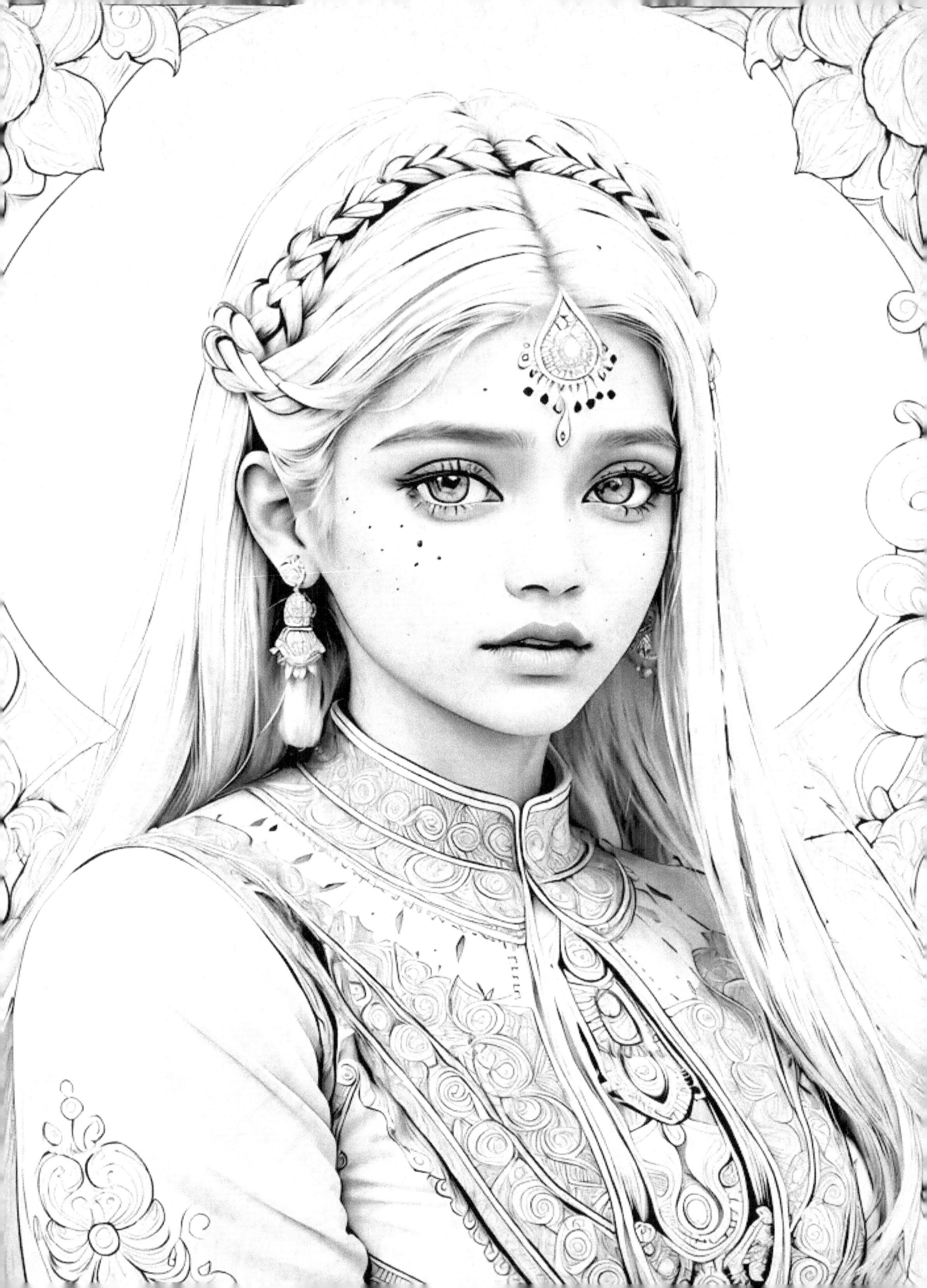

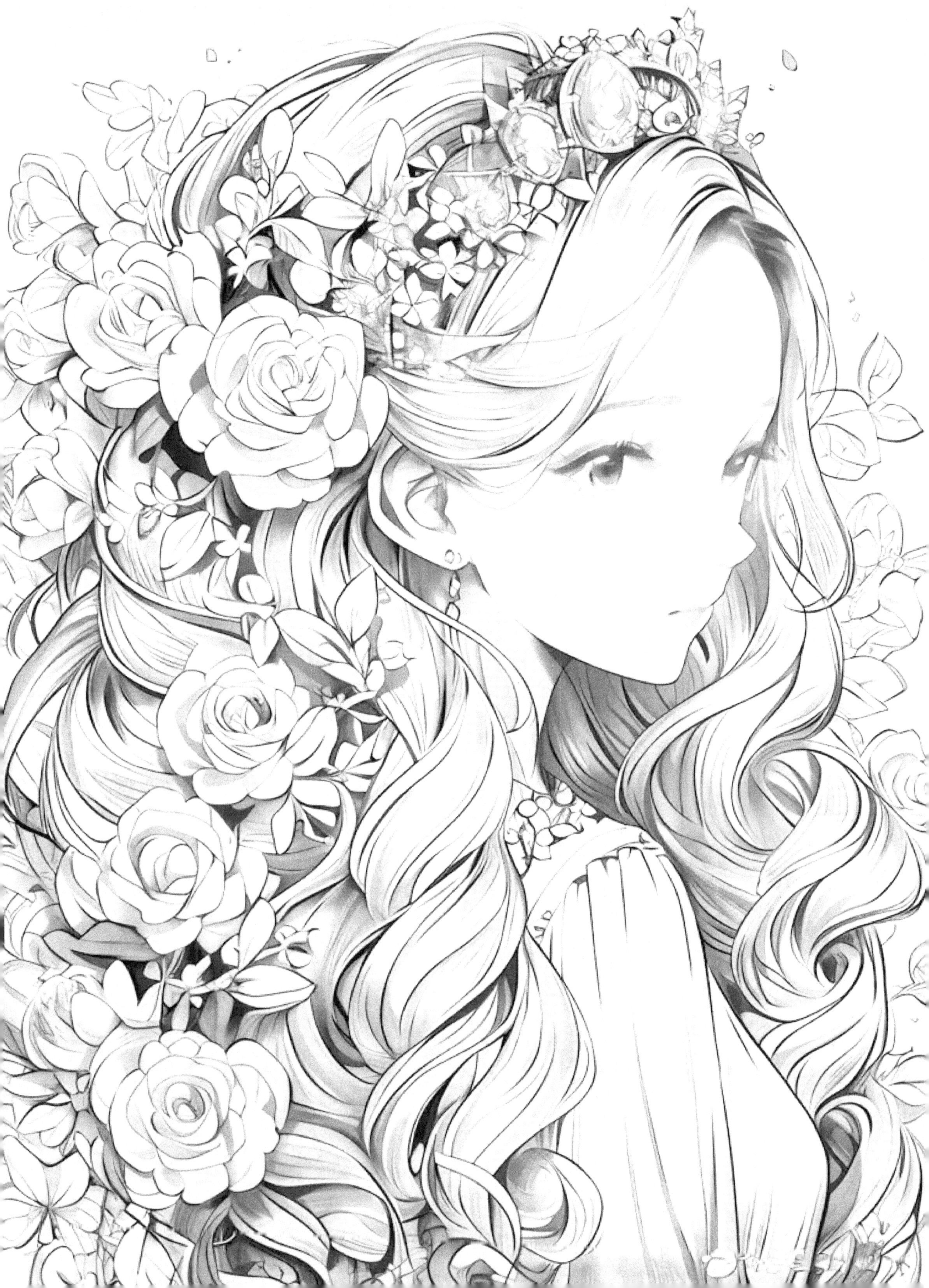

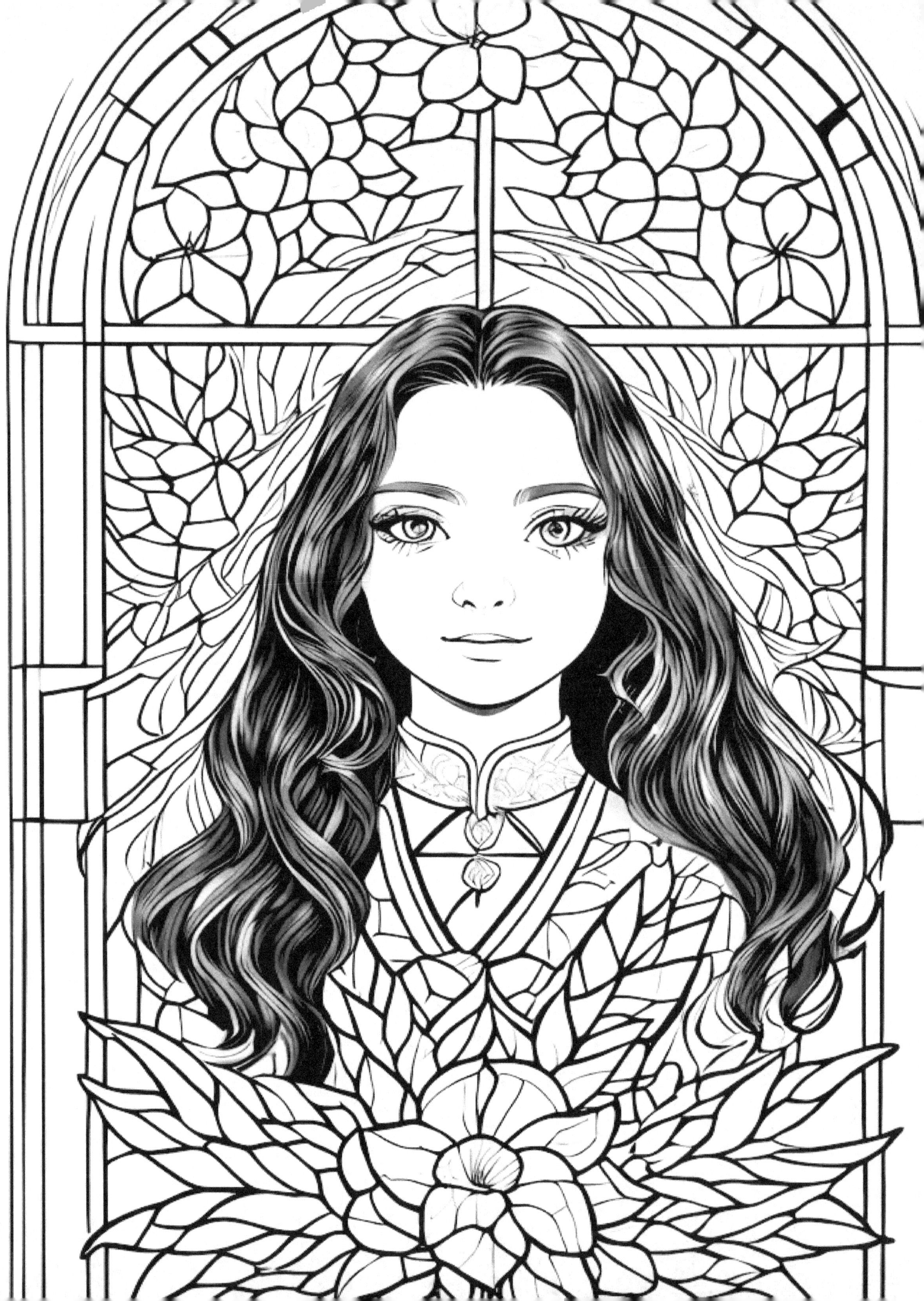

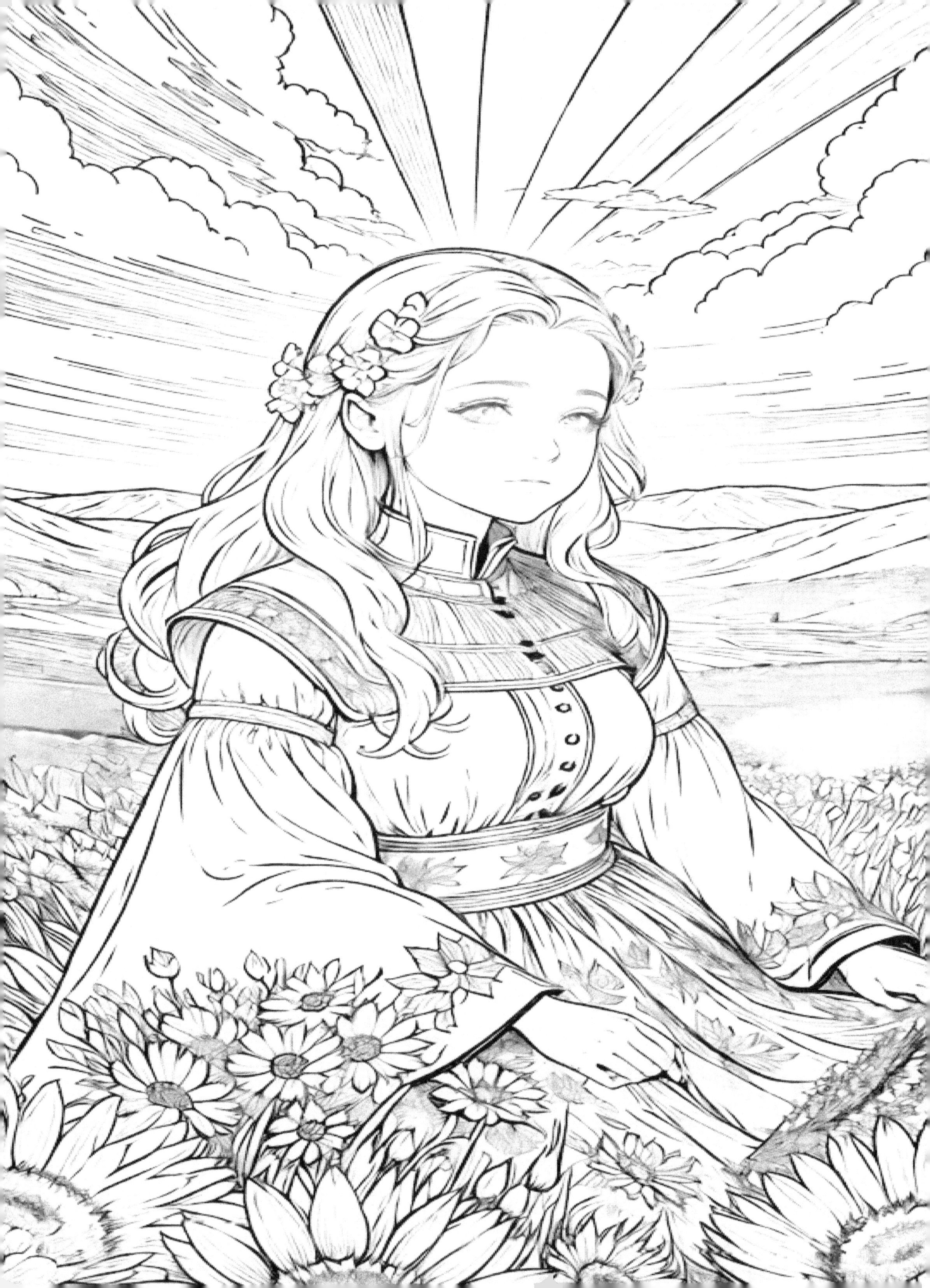

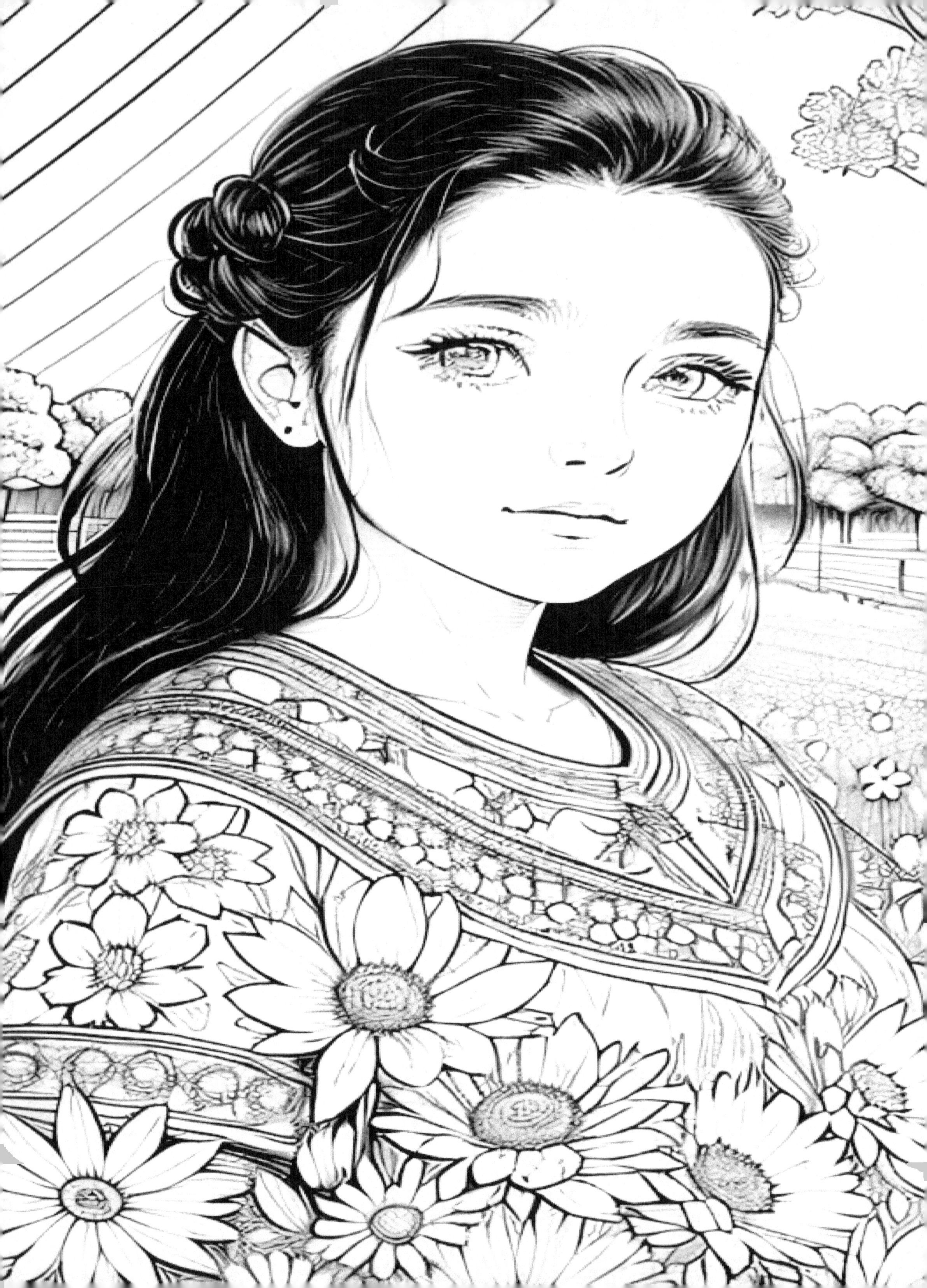

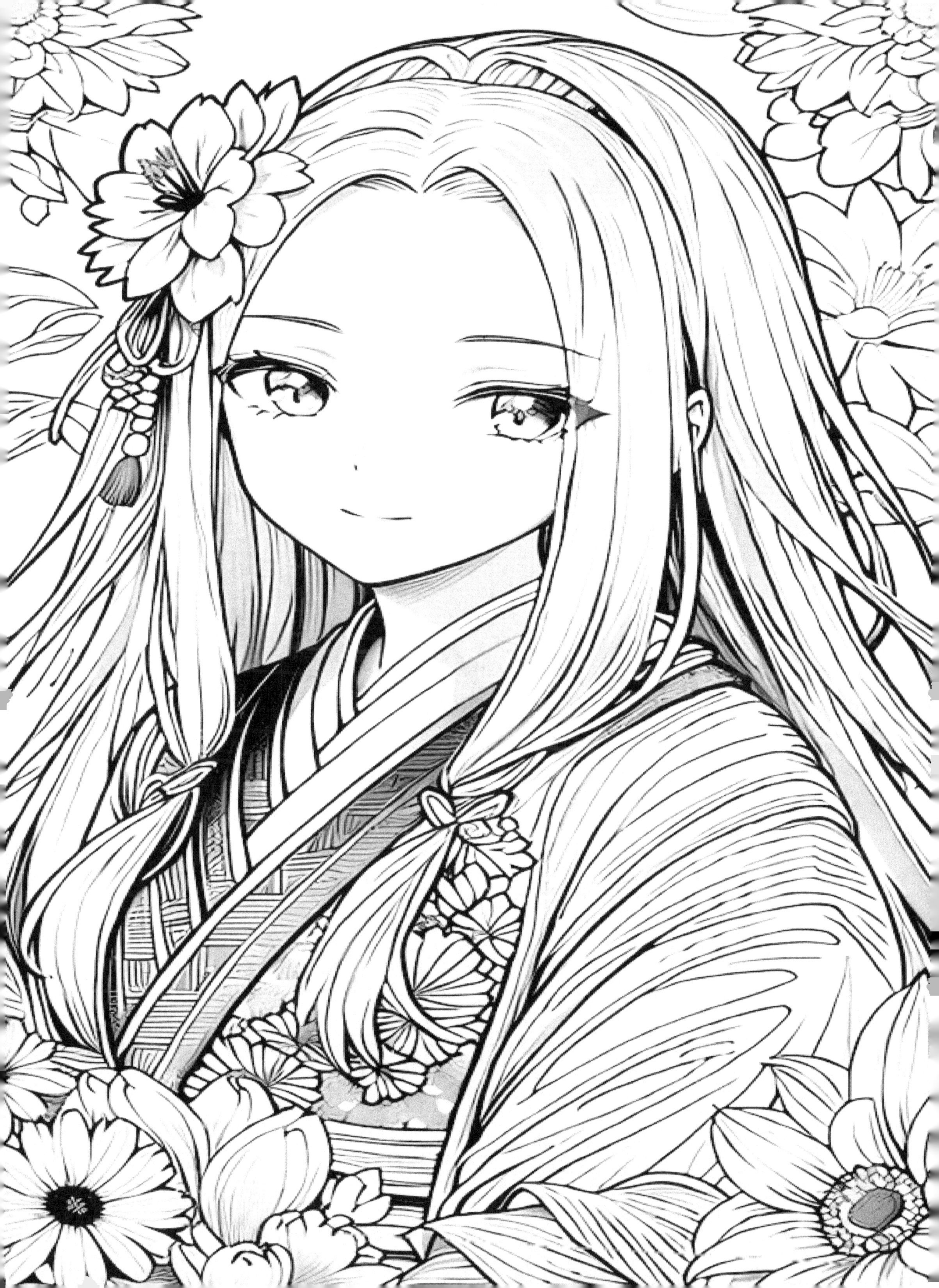

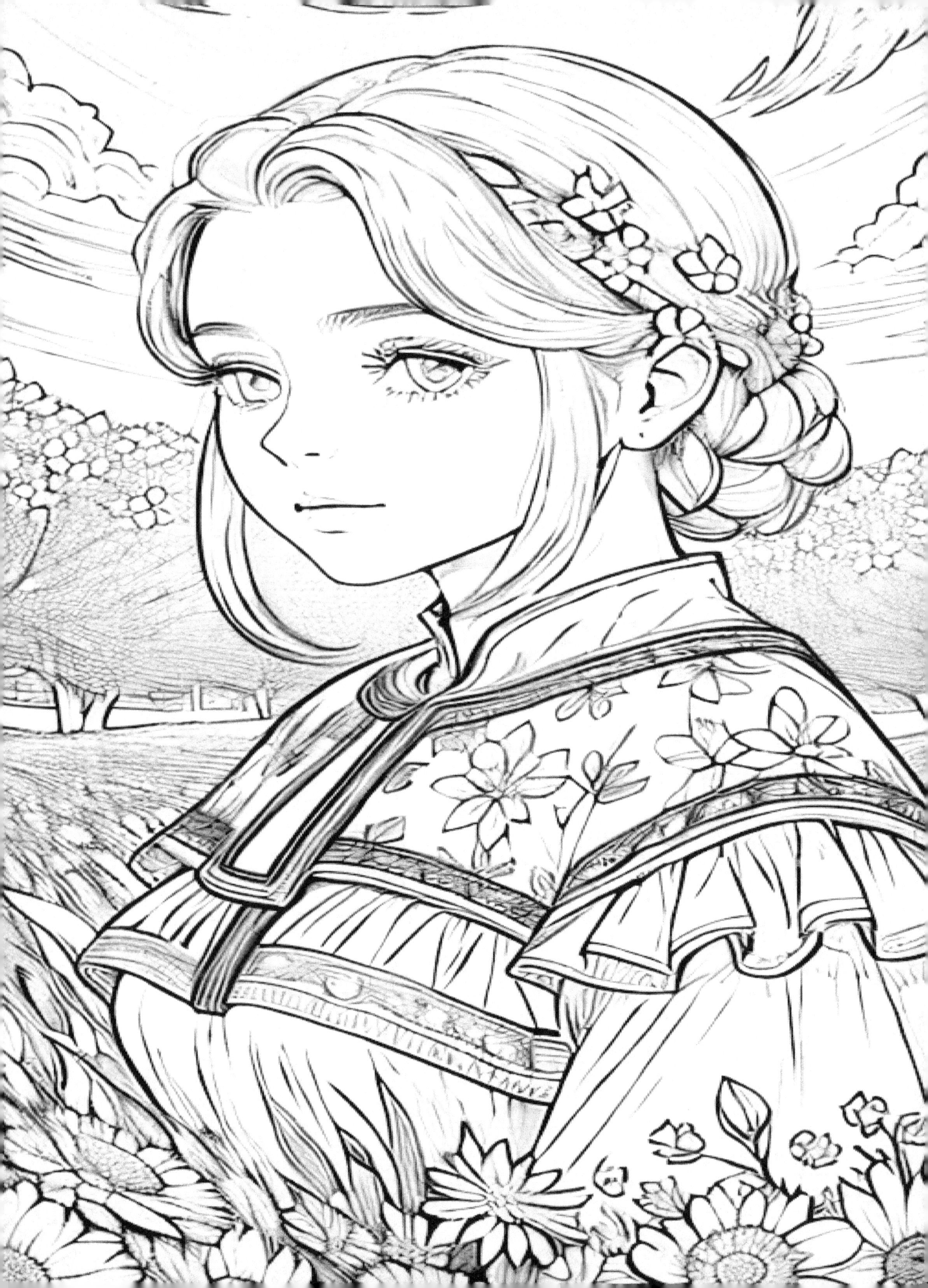

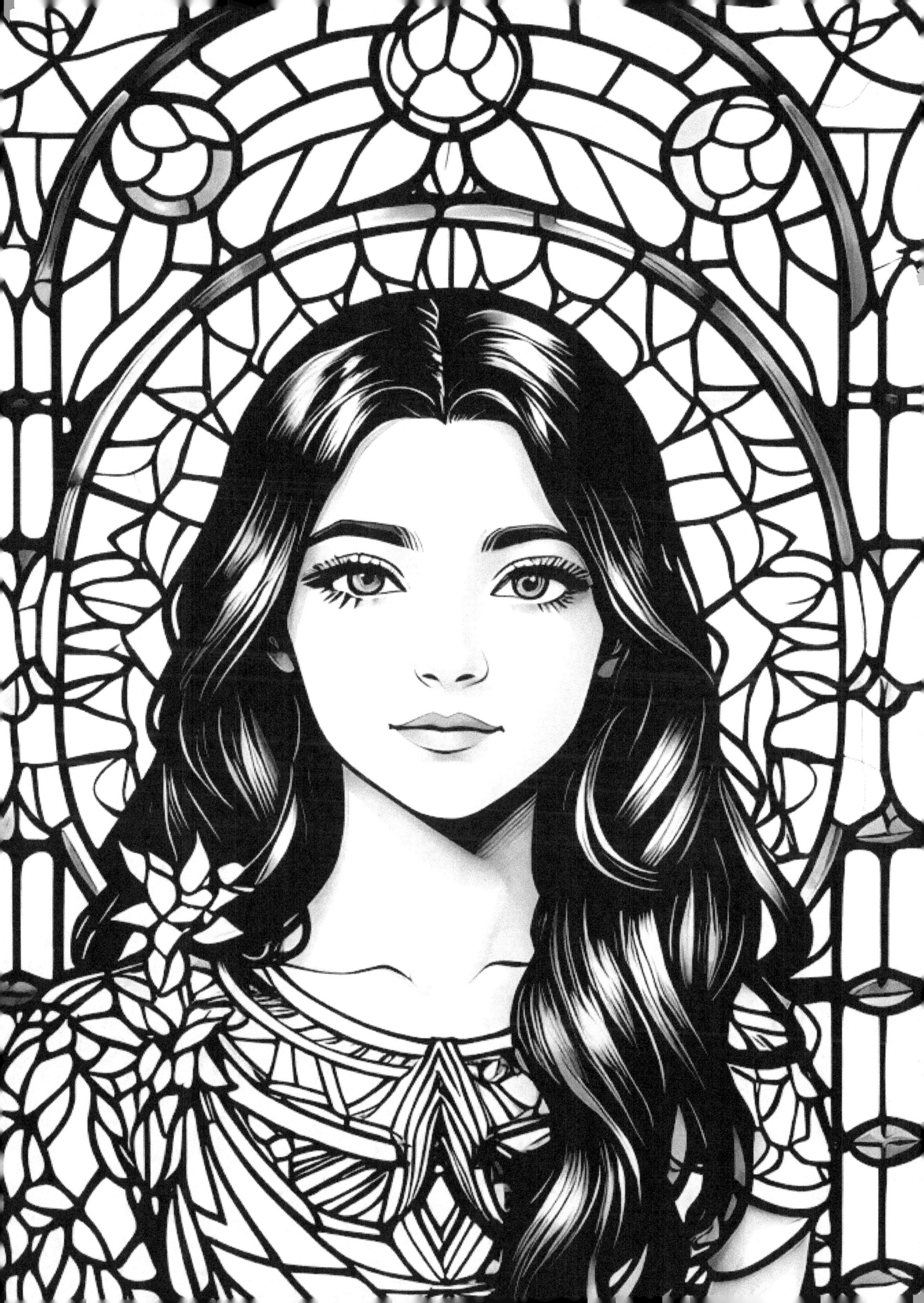

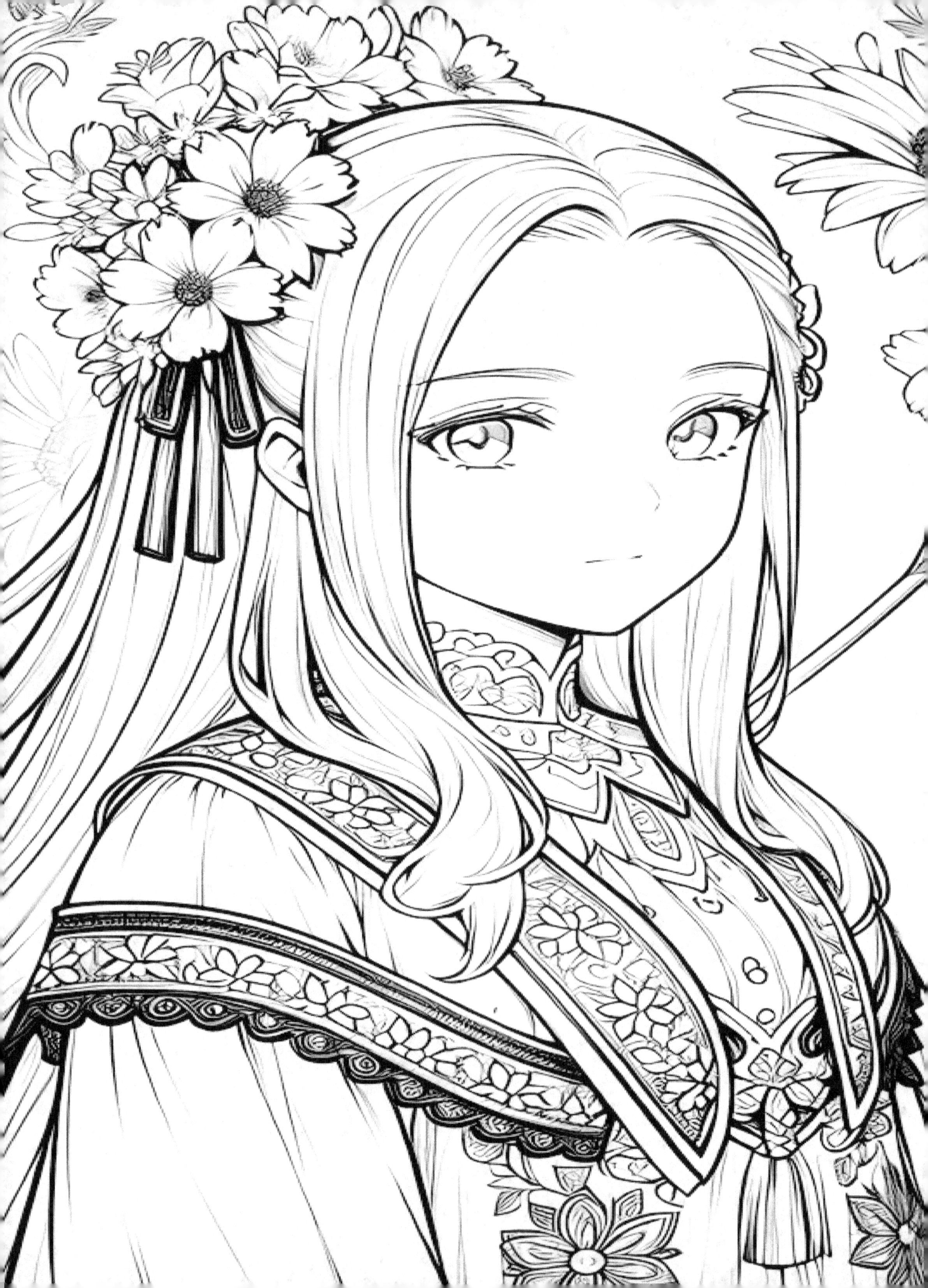

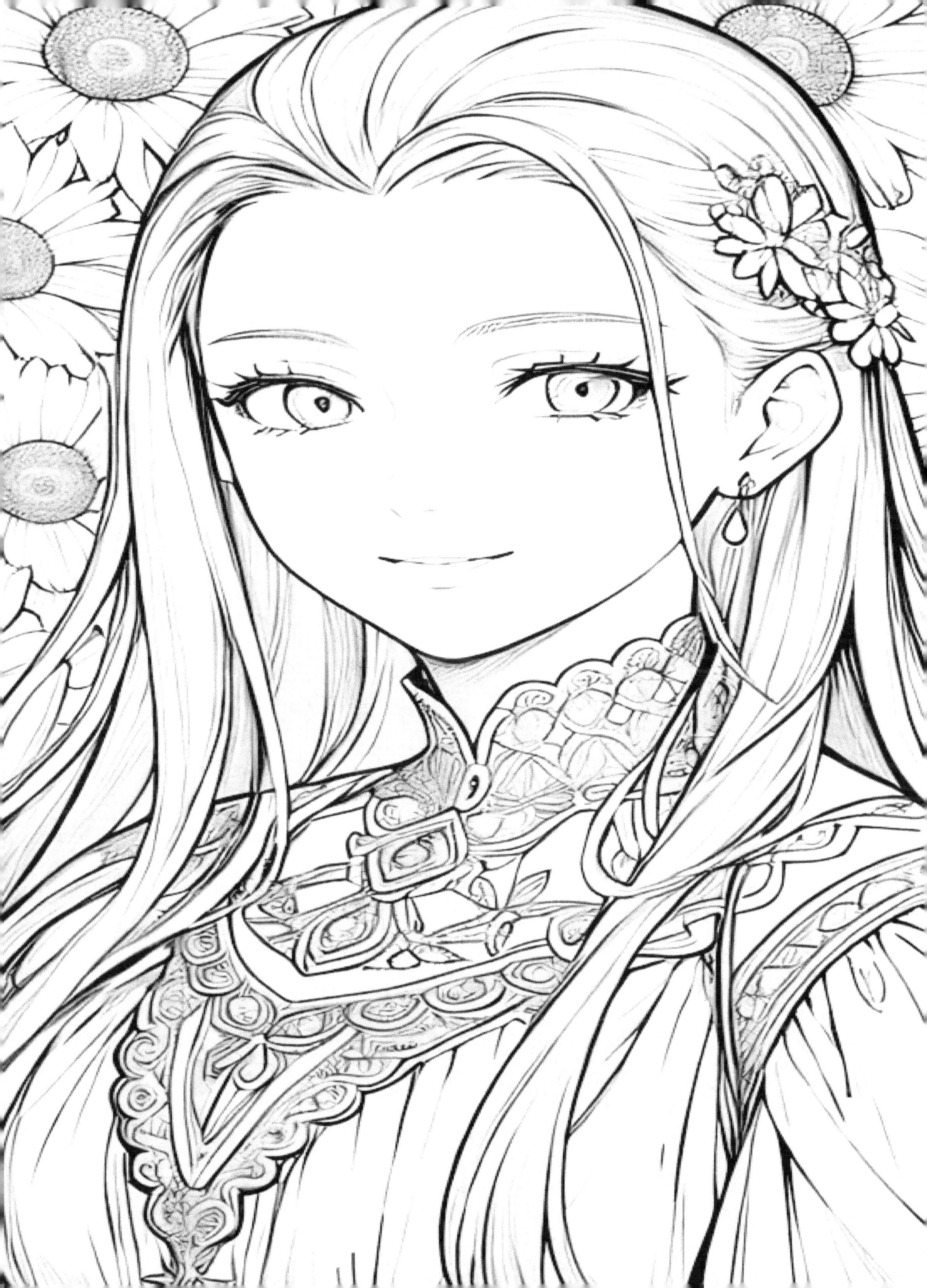

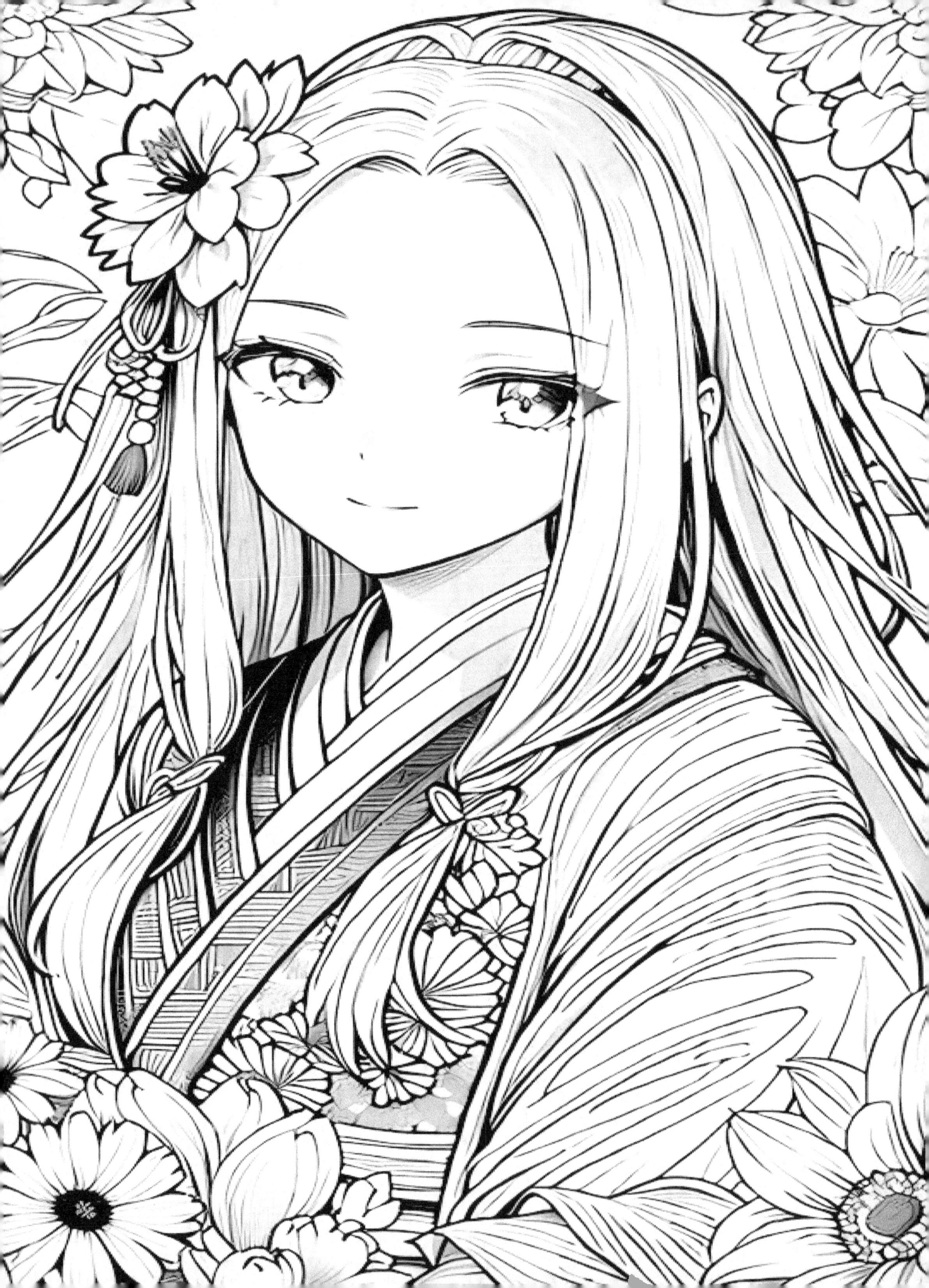

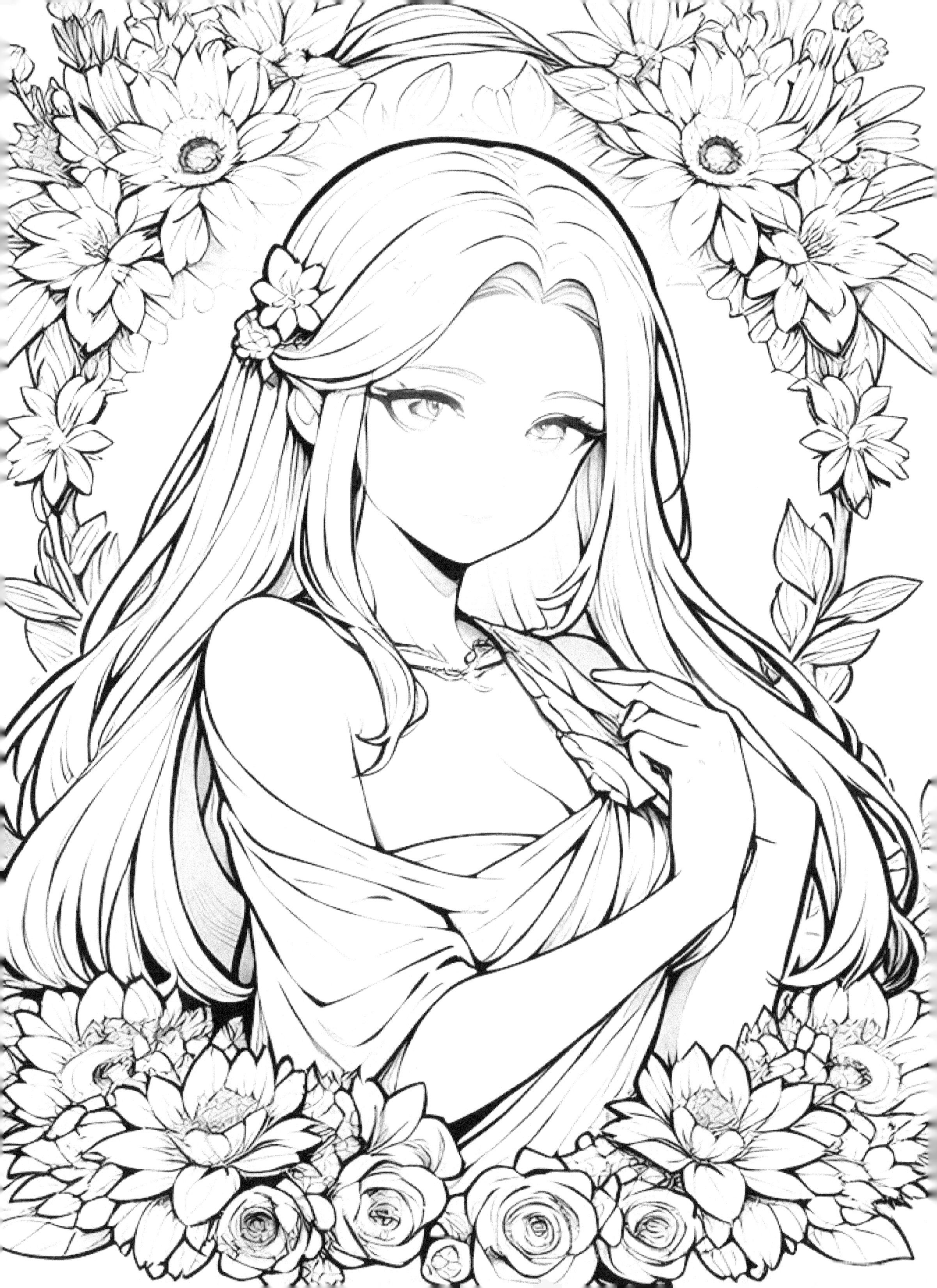

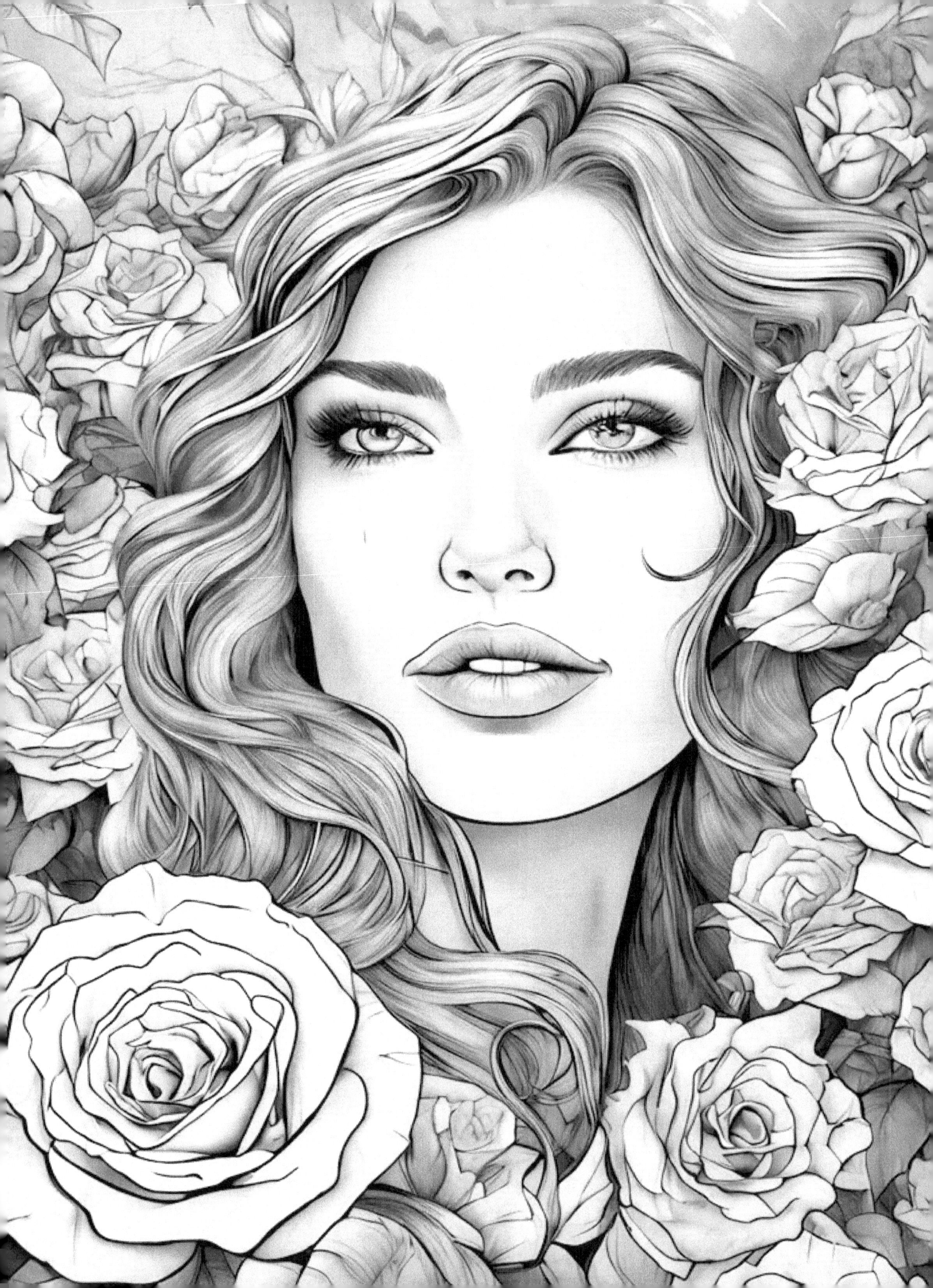

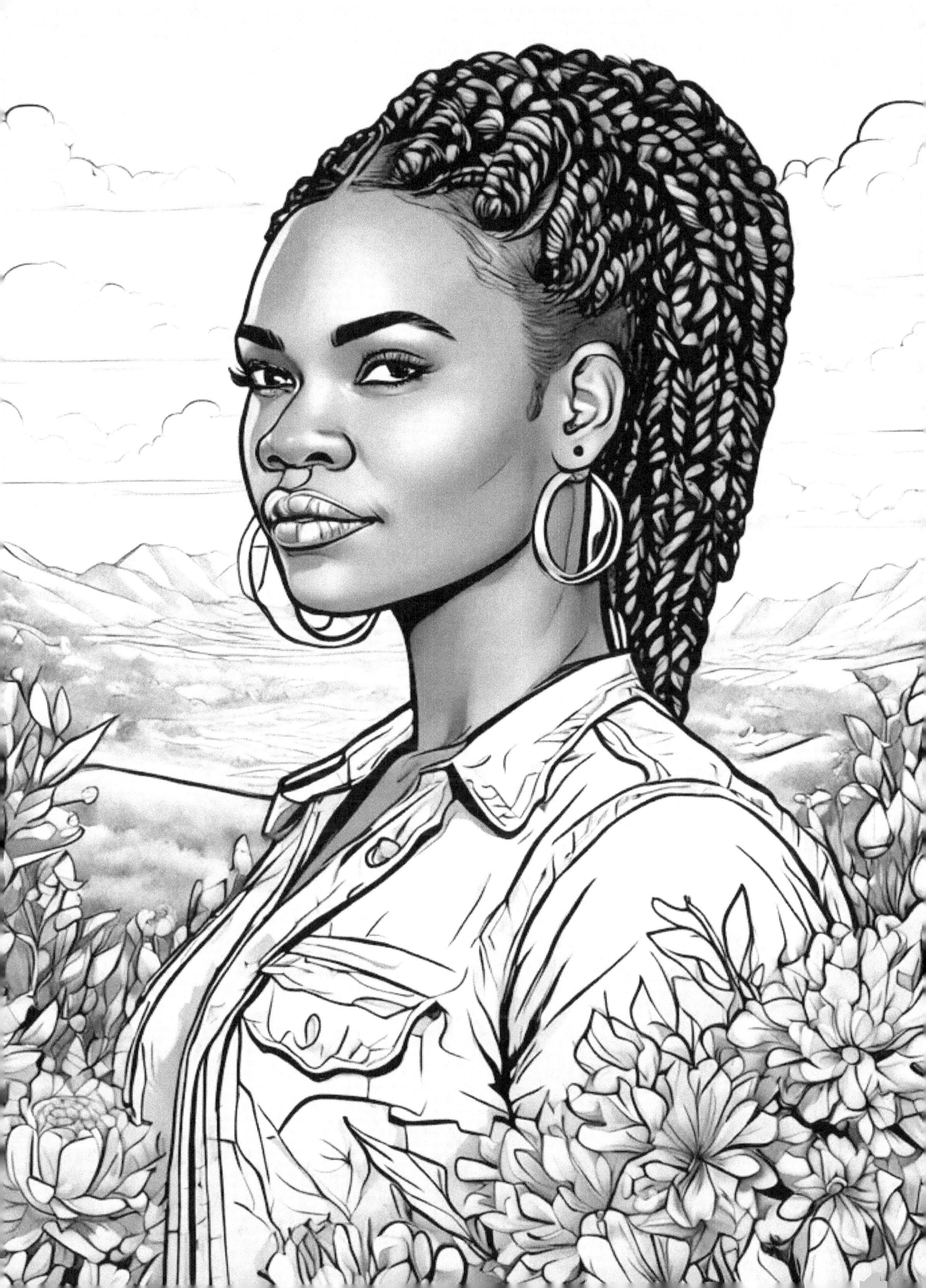

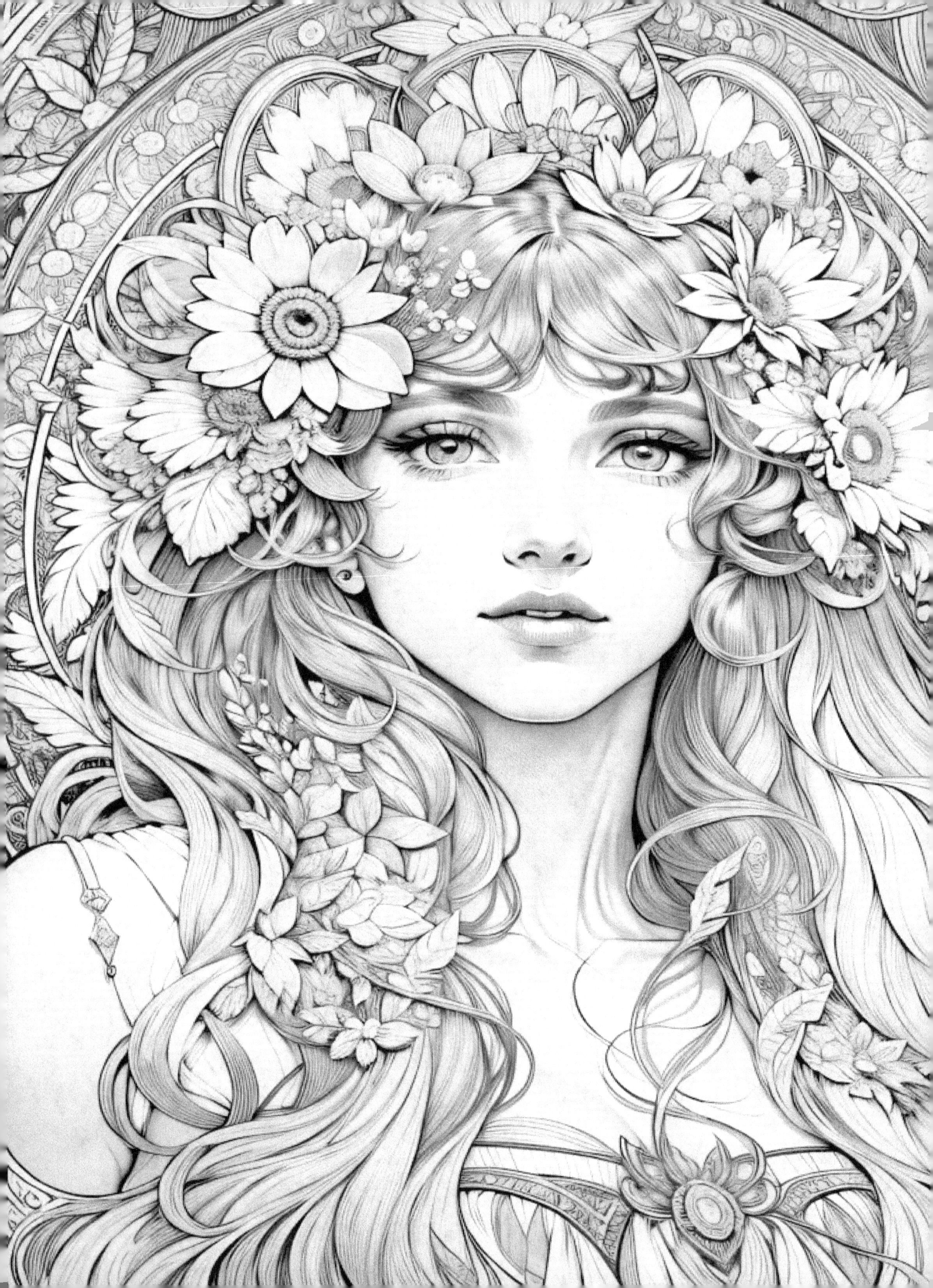

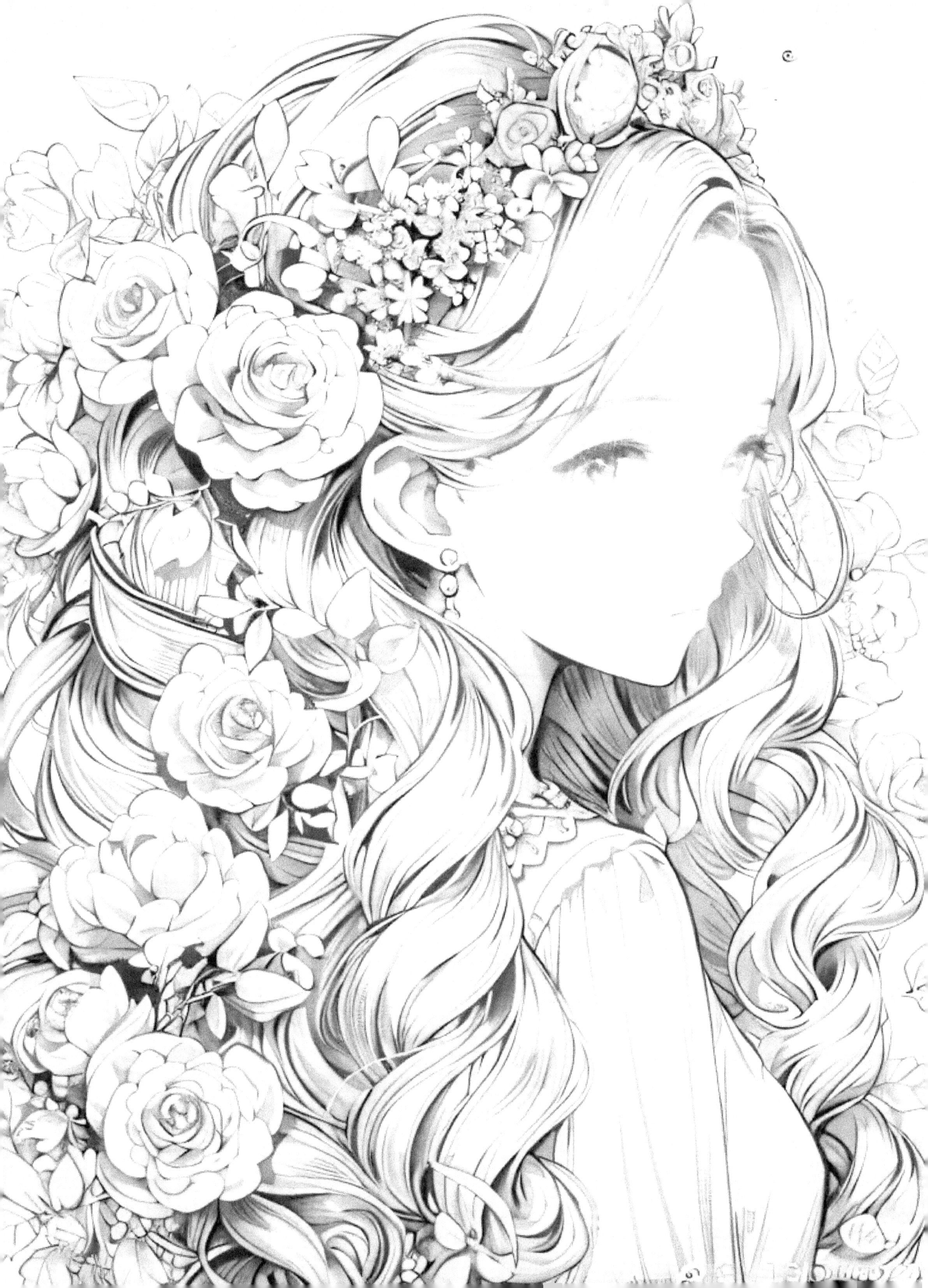

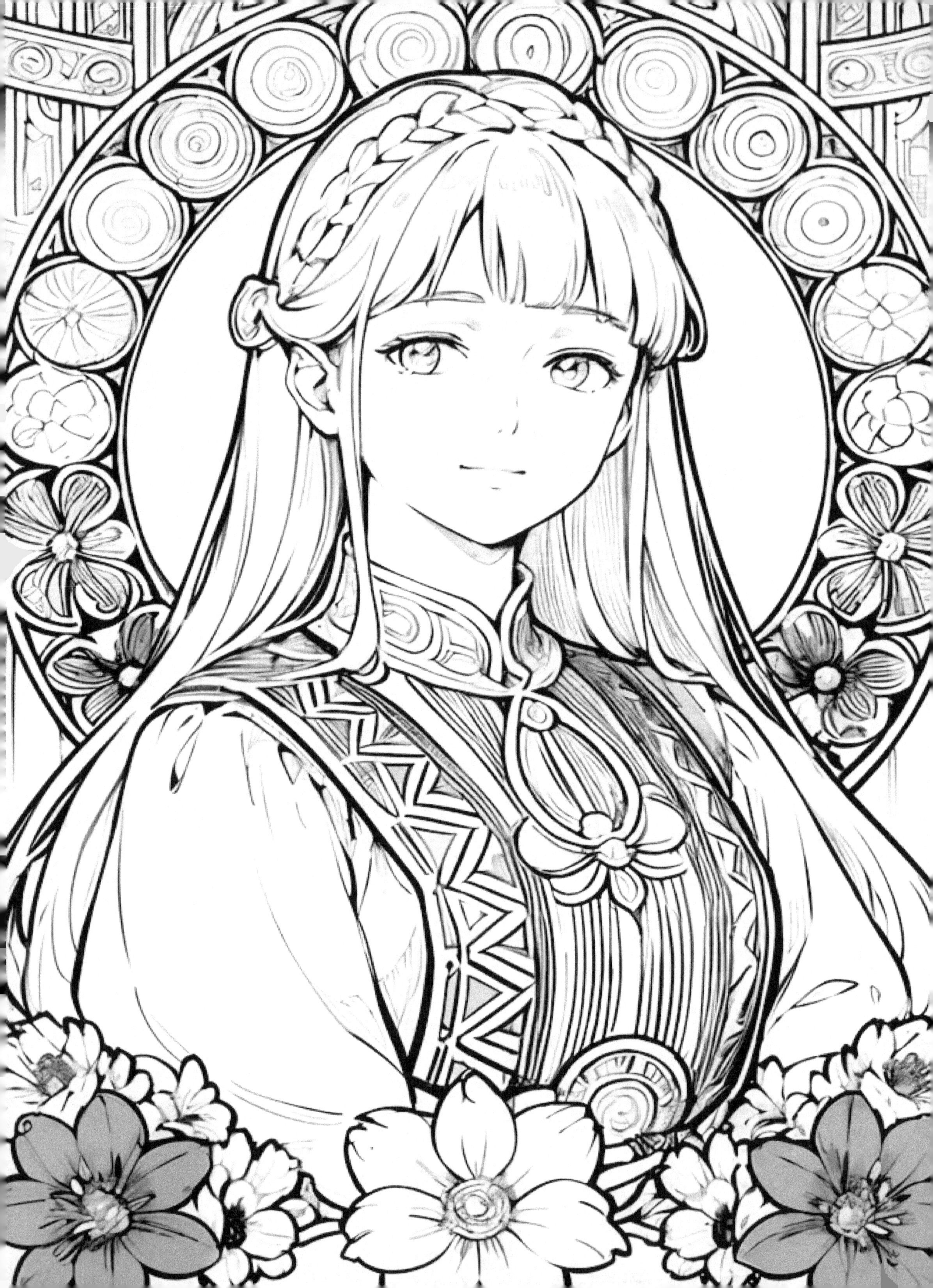

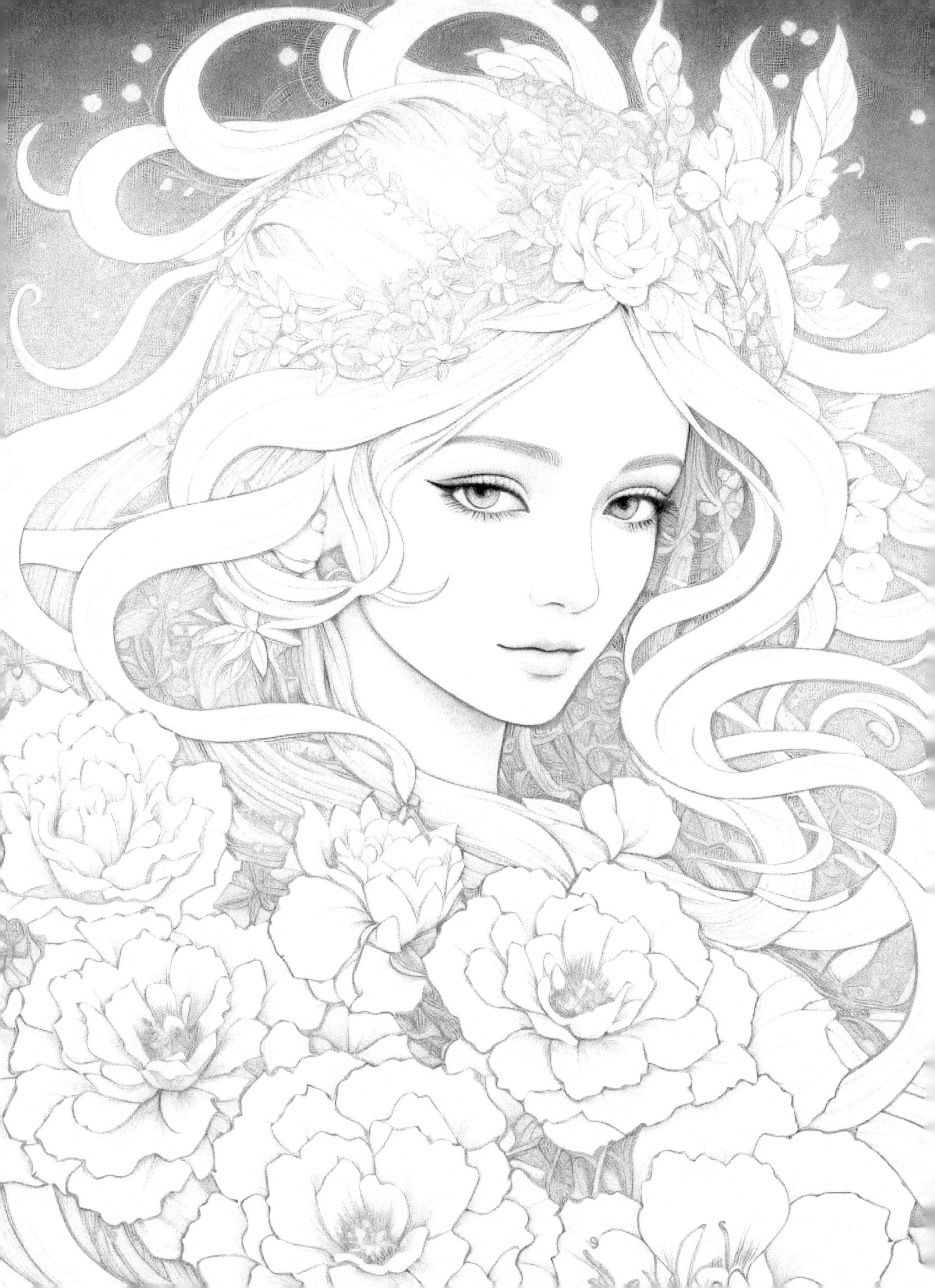

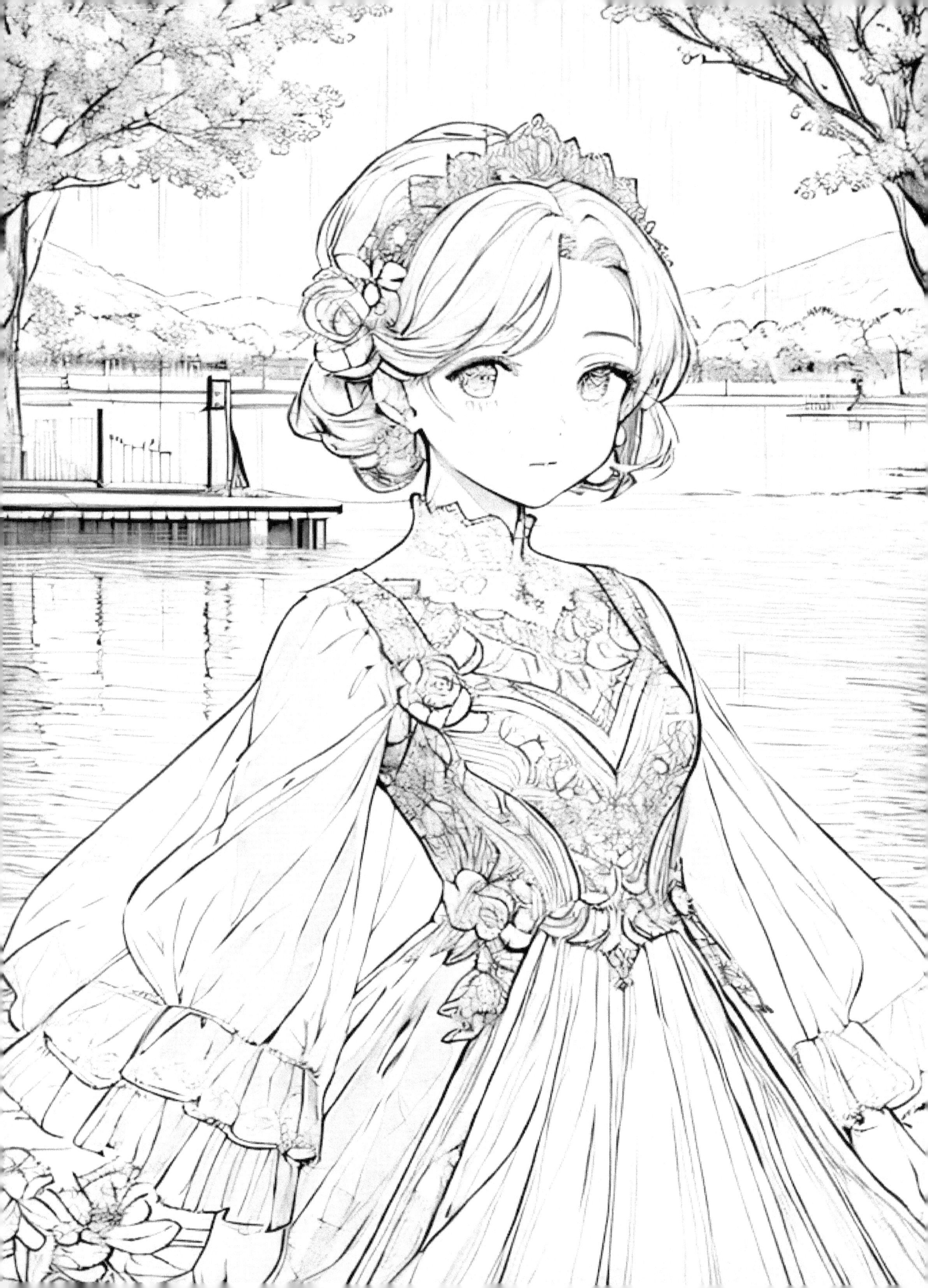

www.ingramcontent.com/pod-product-compliance
Lightning Source LLC
Chambersburg PA
CBHW082229290526
45794CB00009B/3731
* 9 7 9 8 8 6 4 7 9 0 8 7 8 *